Via Lewandowsky
APPLAUS / APPLAUSE

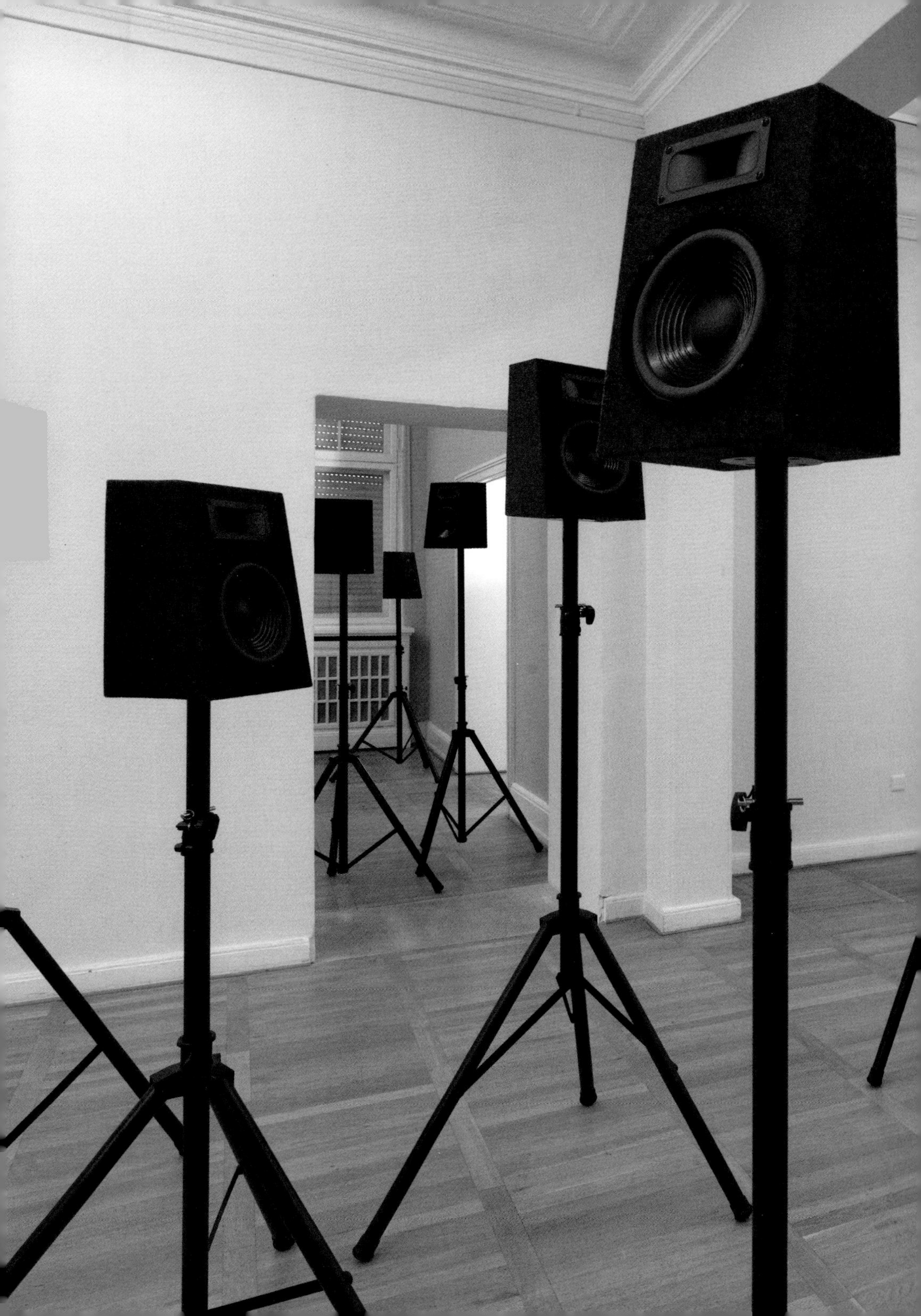

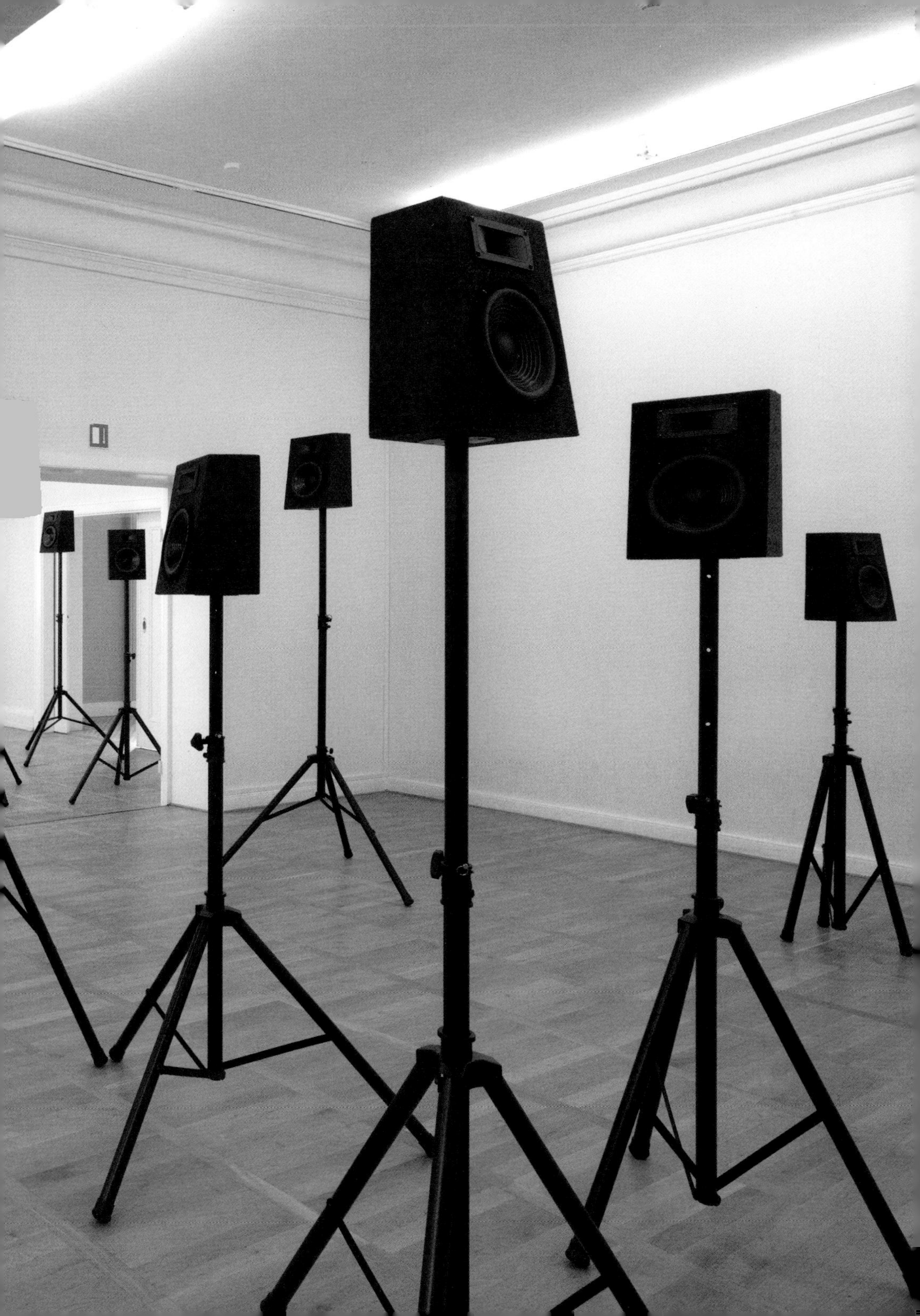

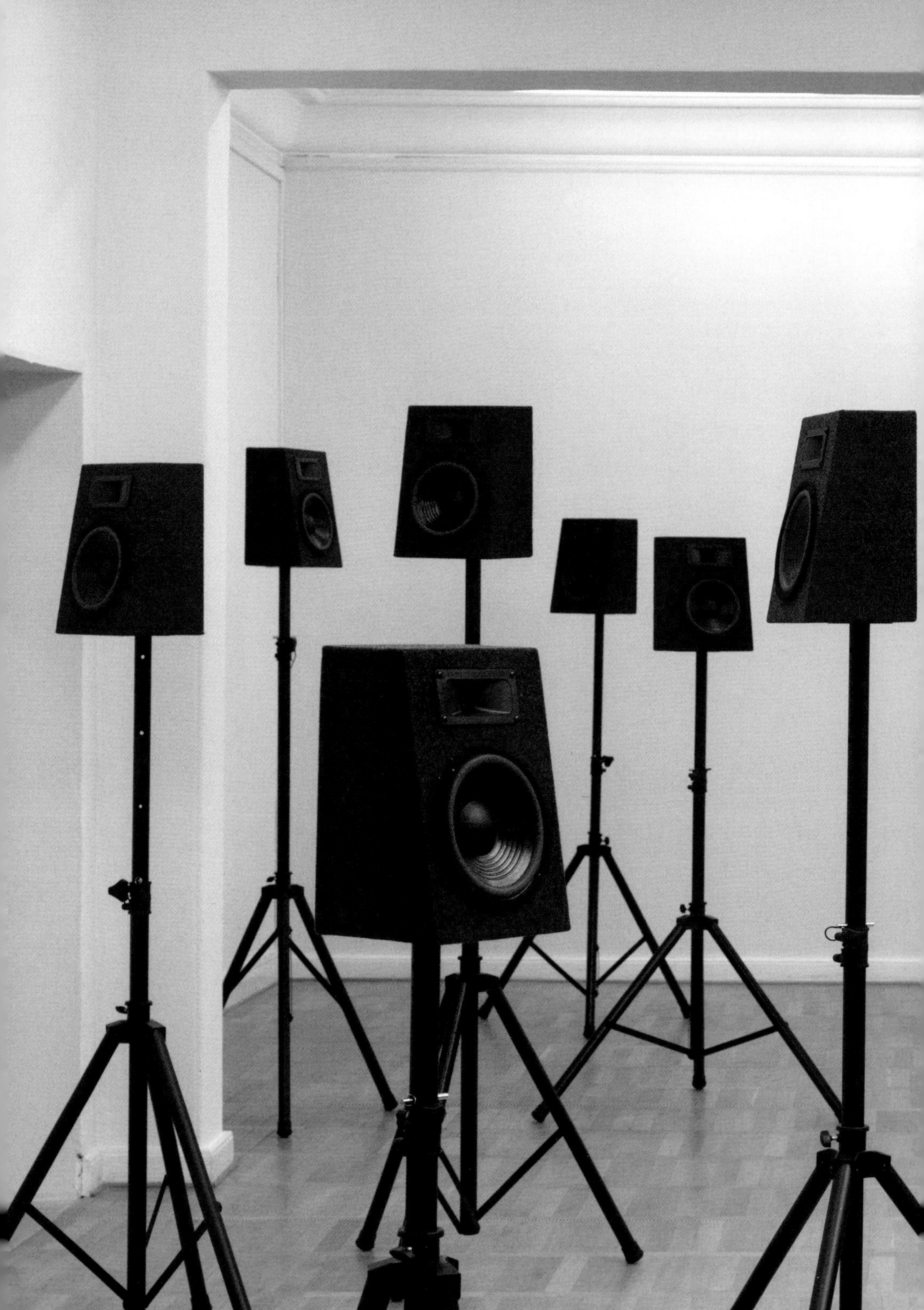

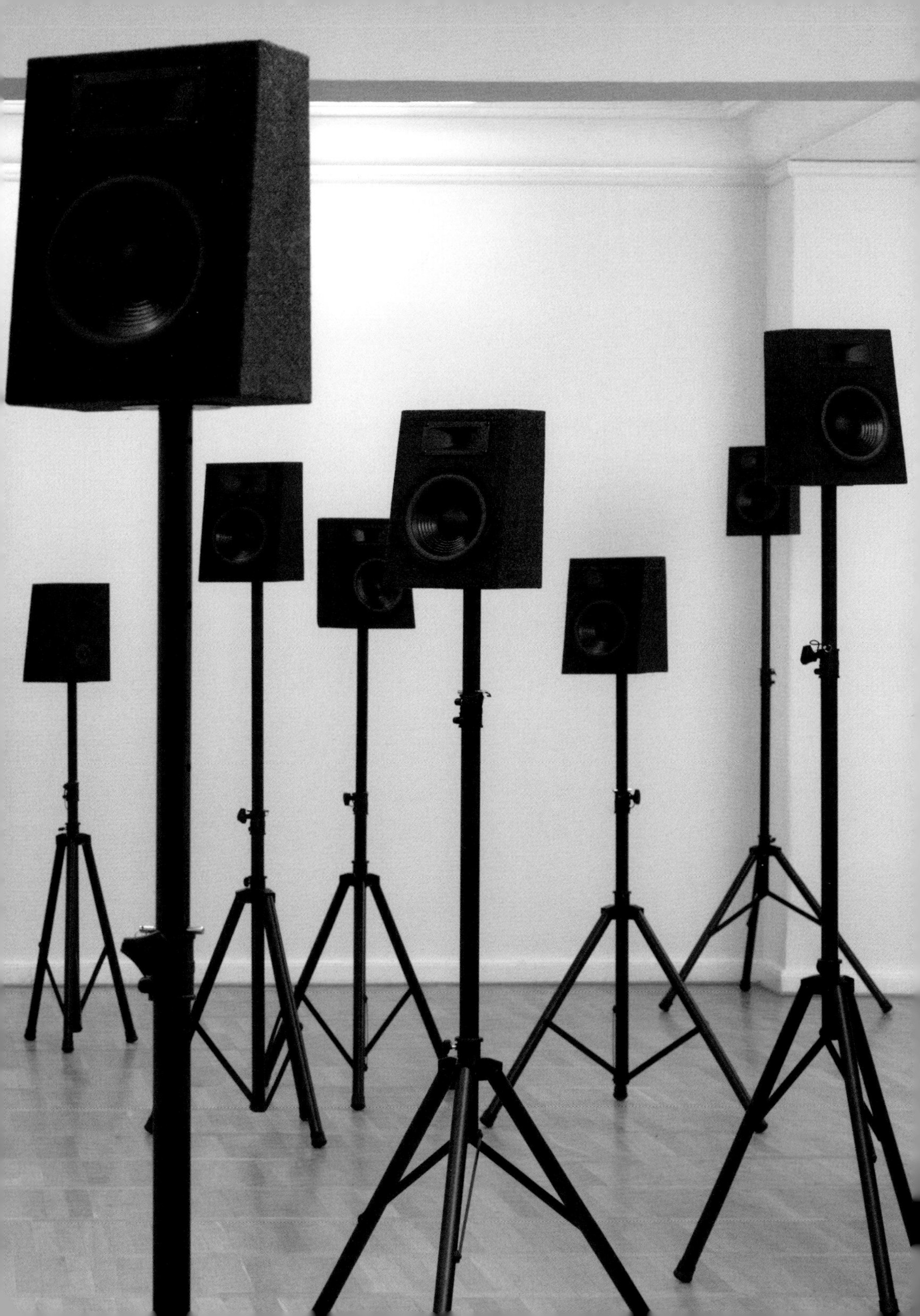

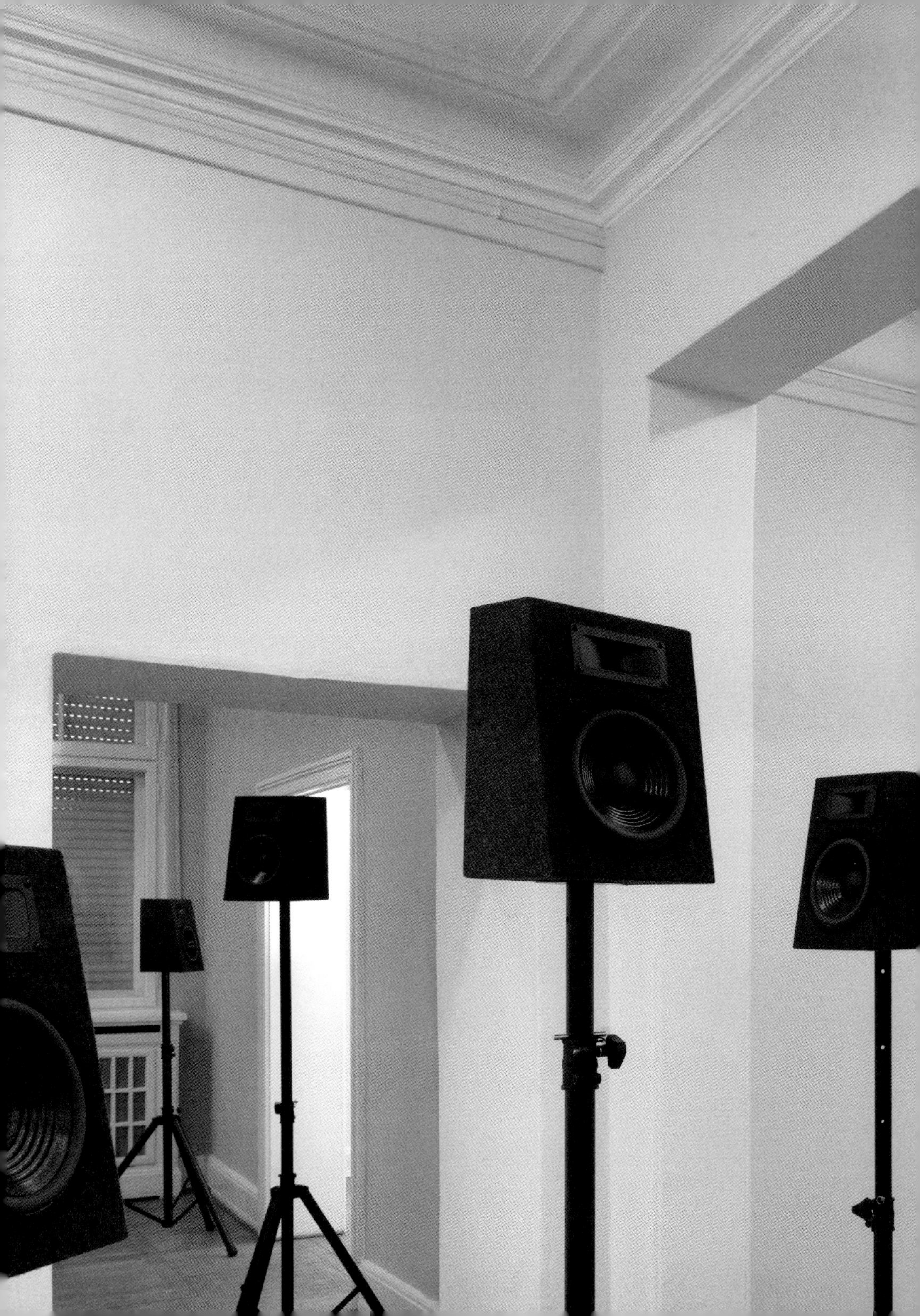

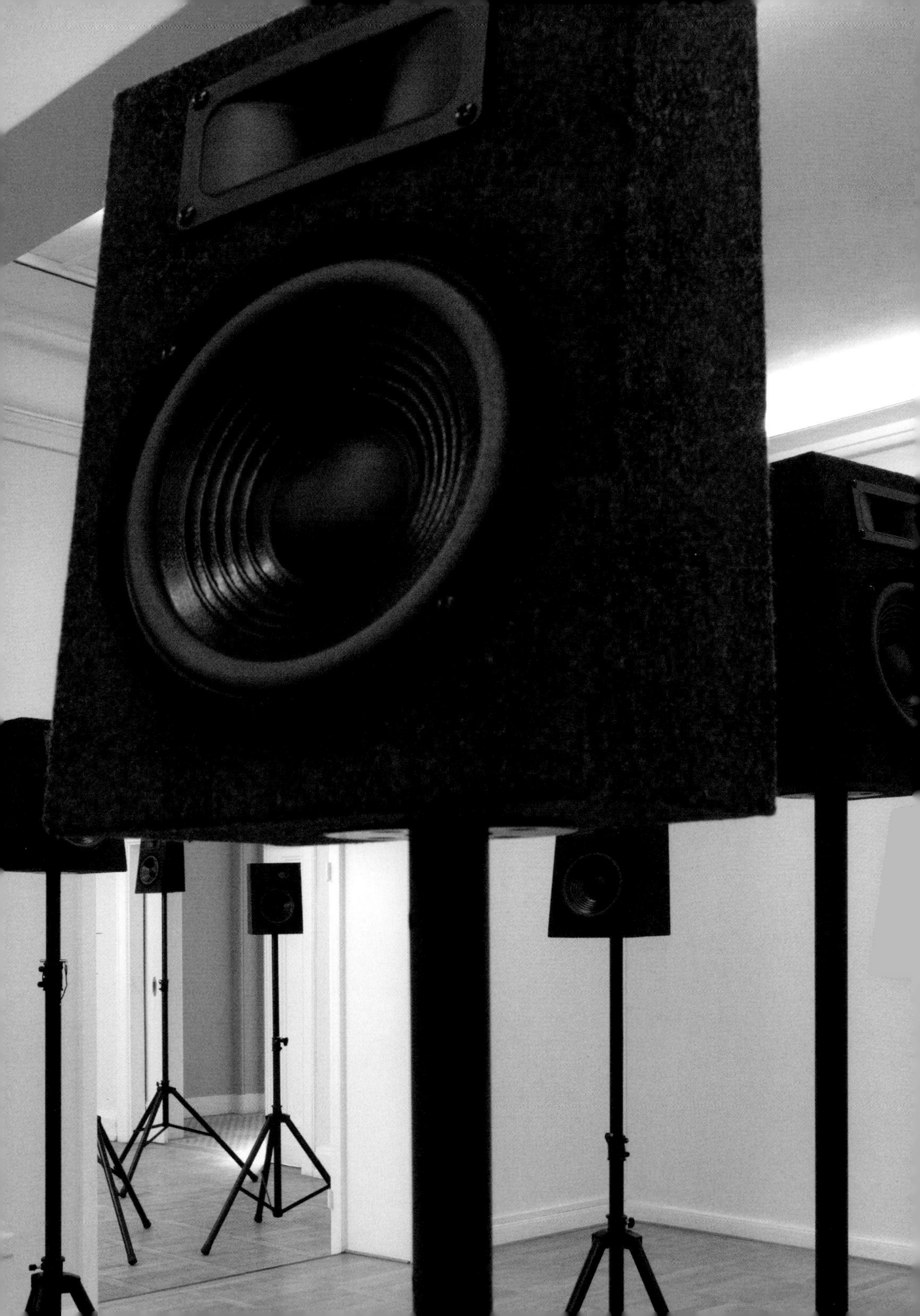

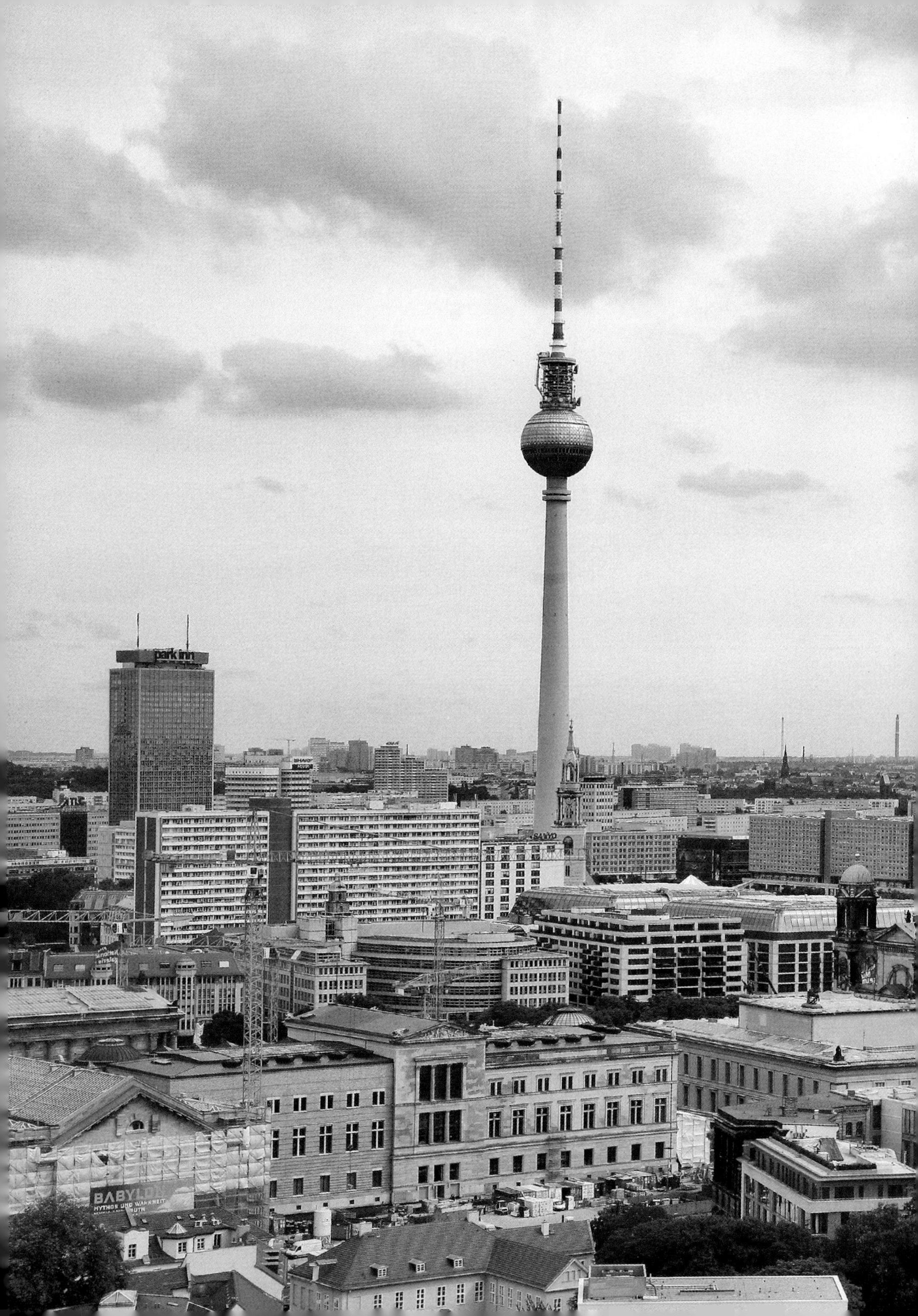
park inn
BABYLON
SANYO

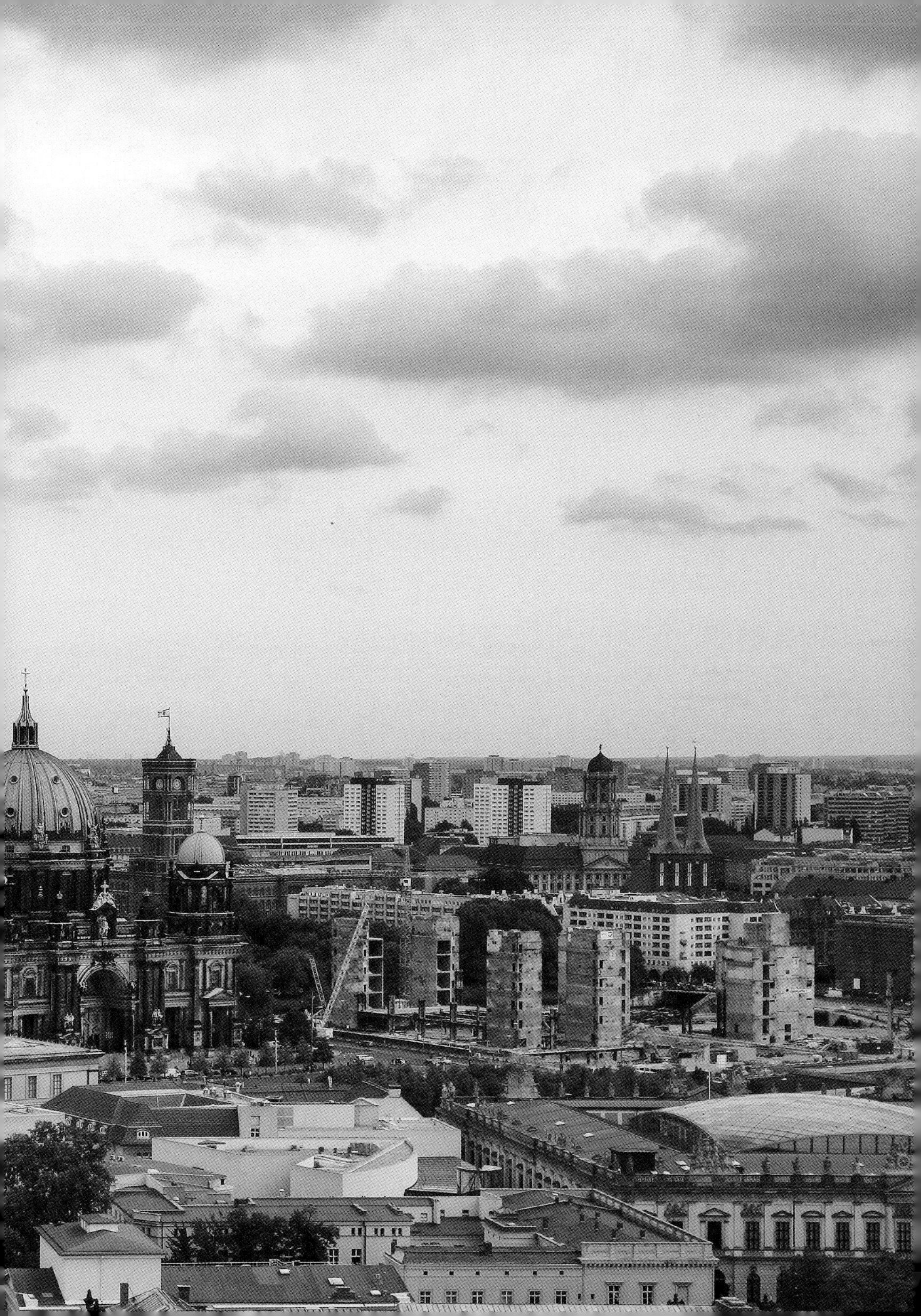

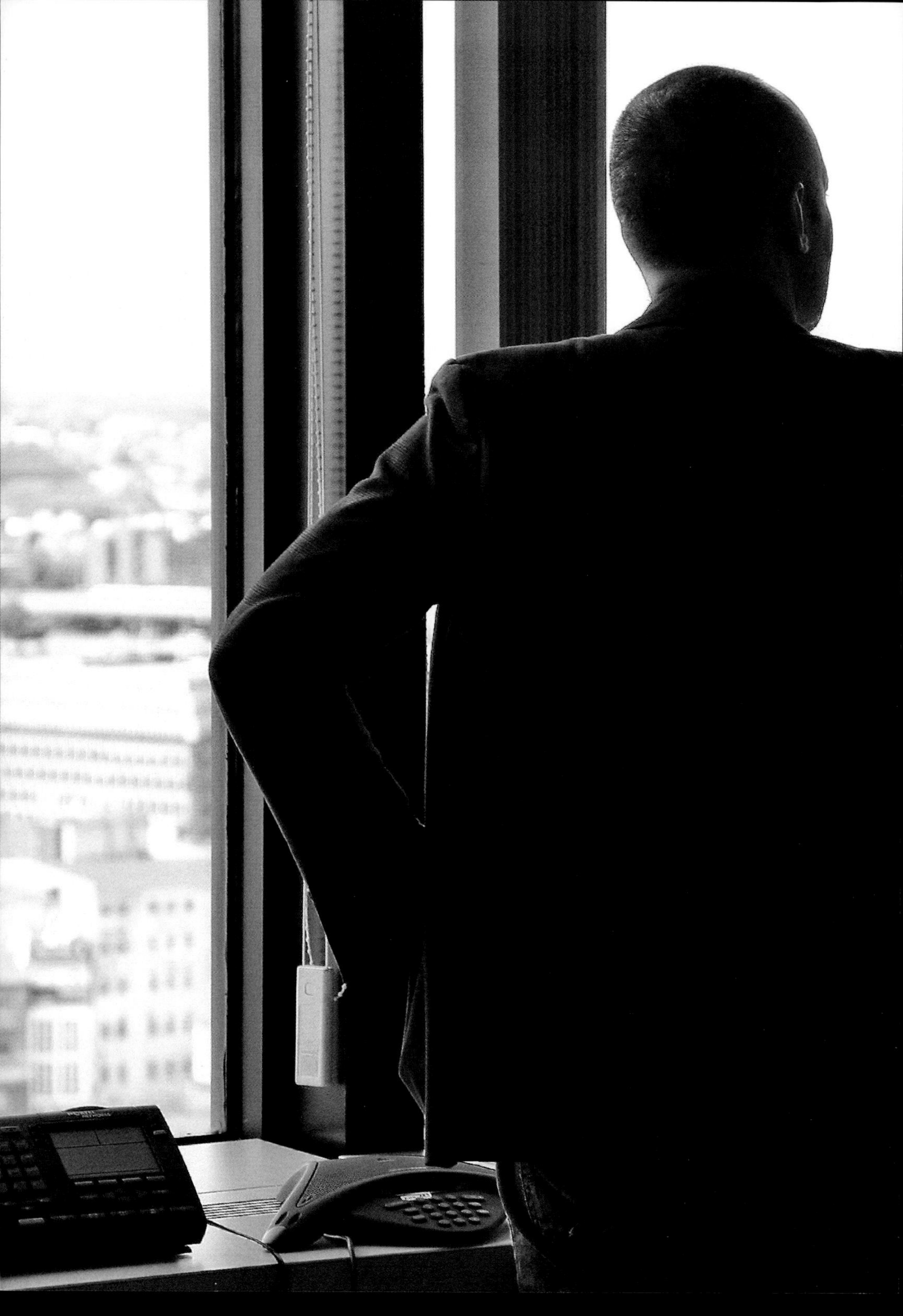

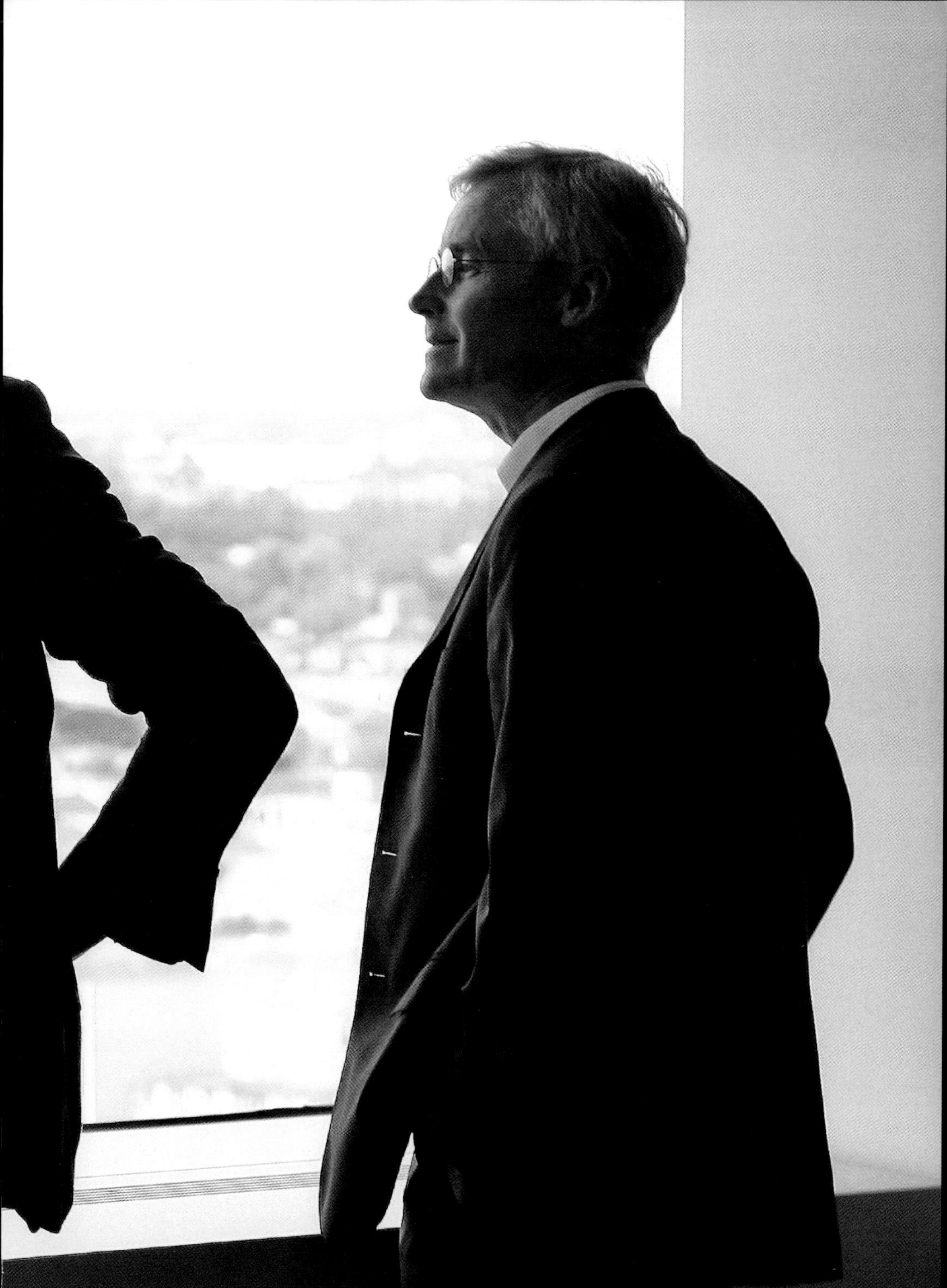

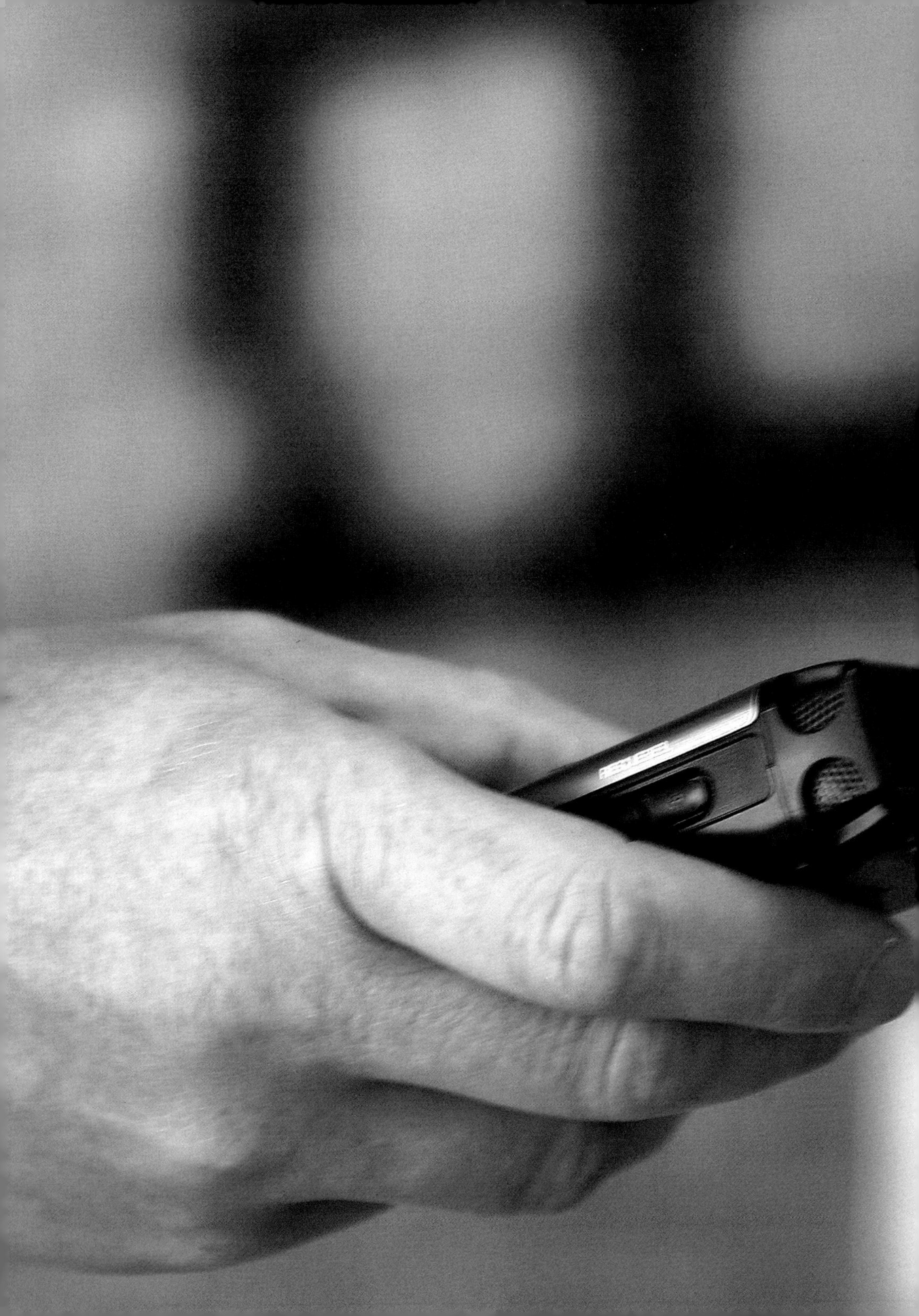

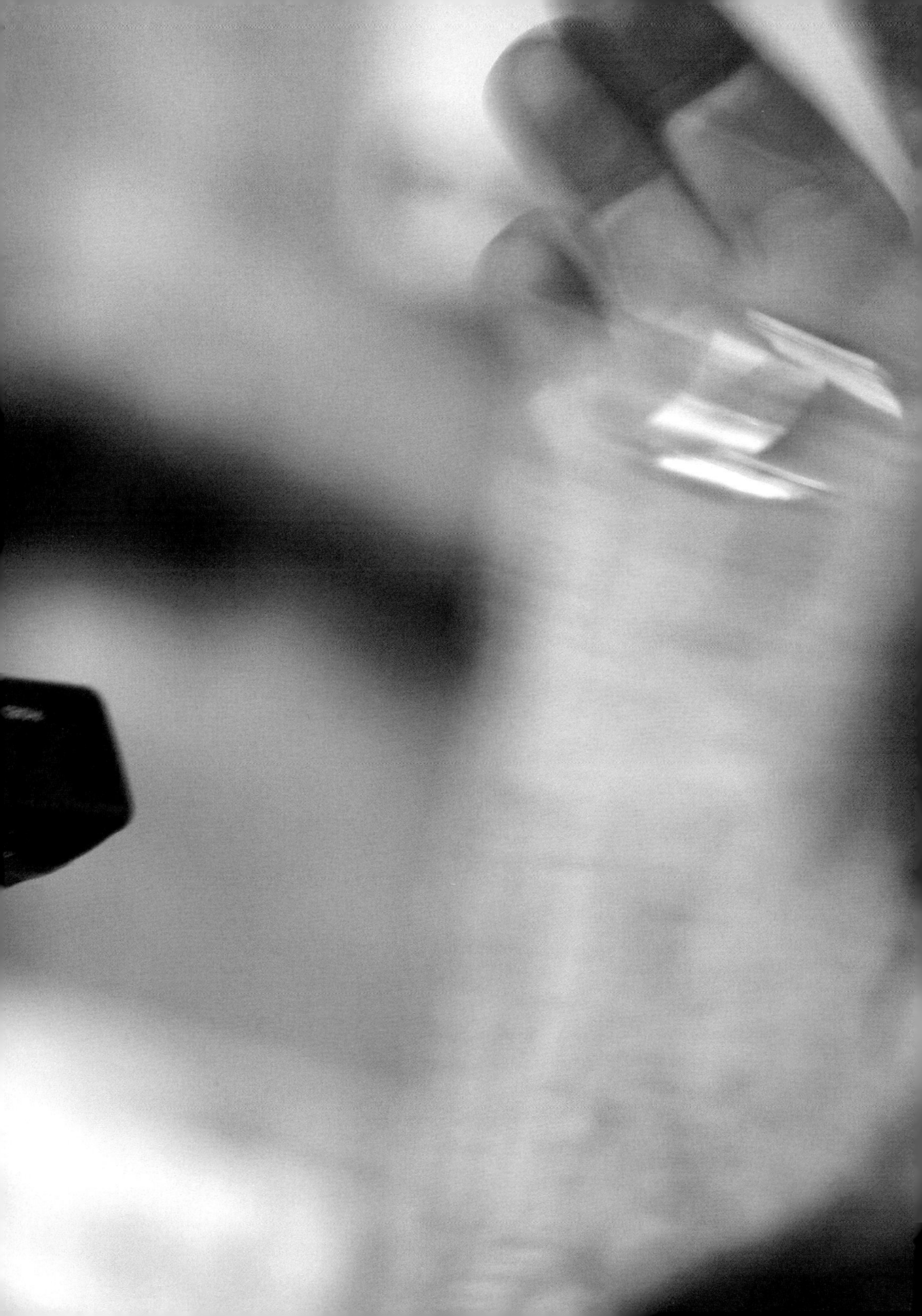

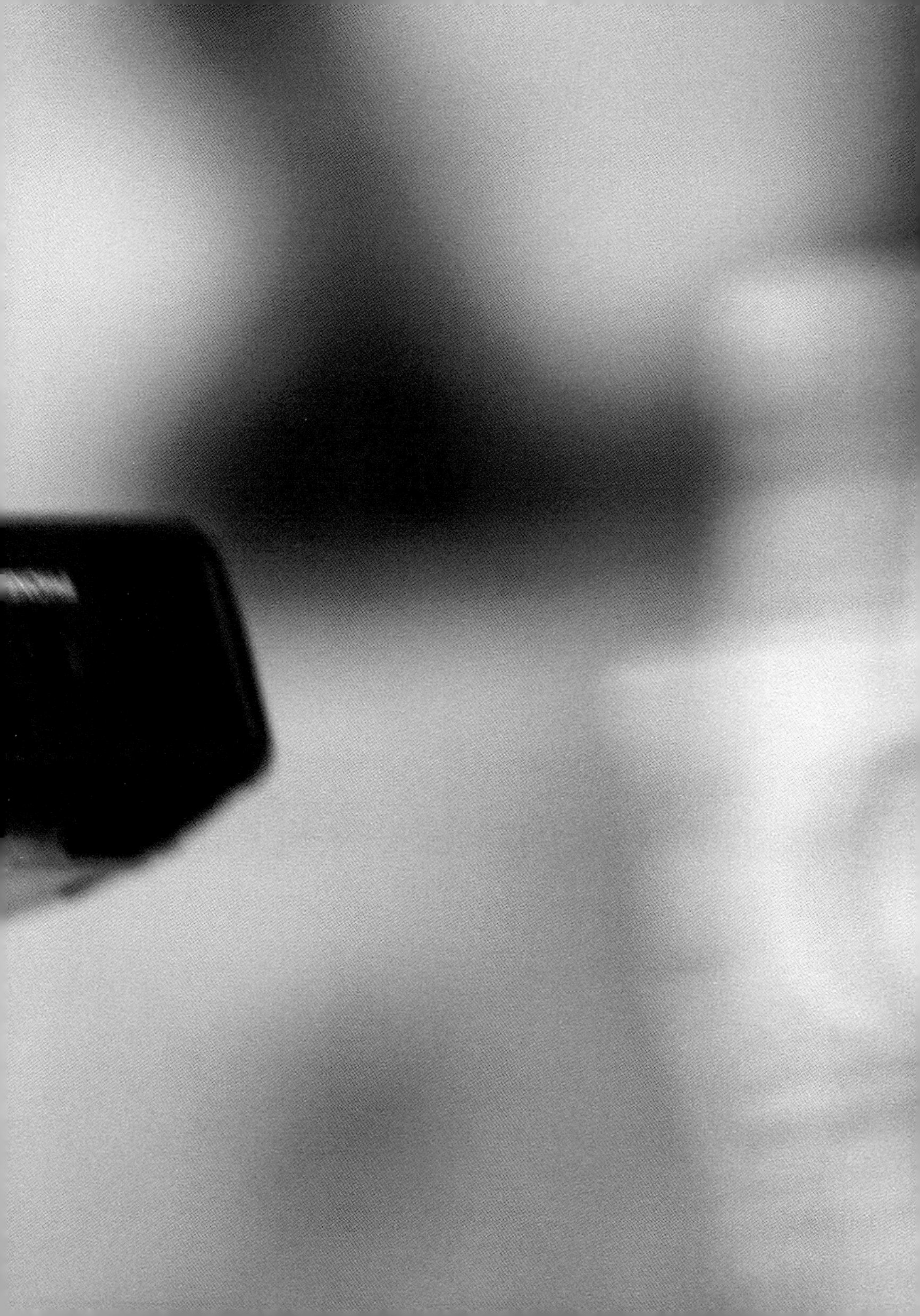

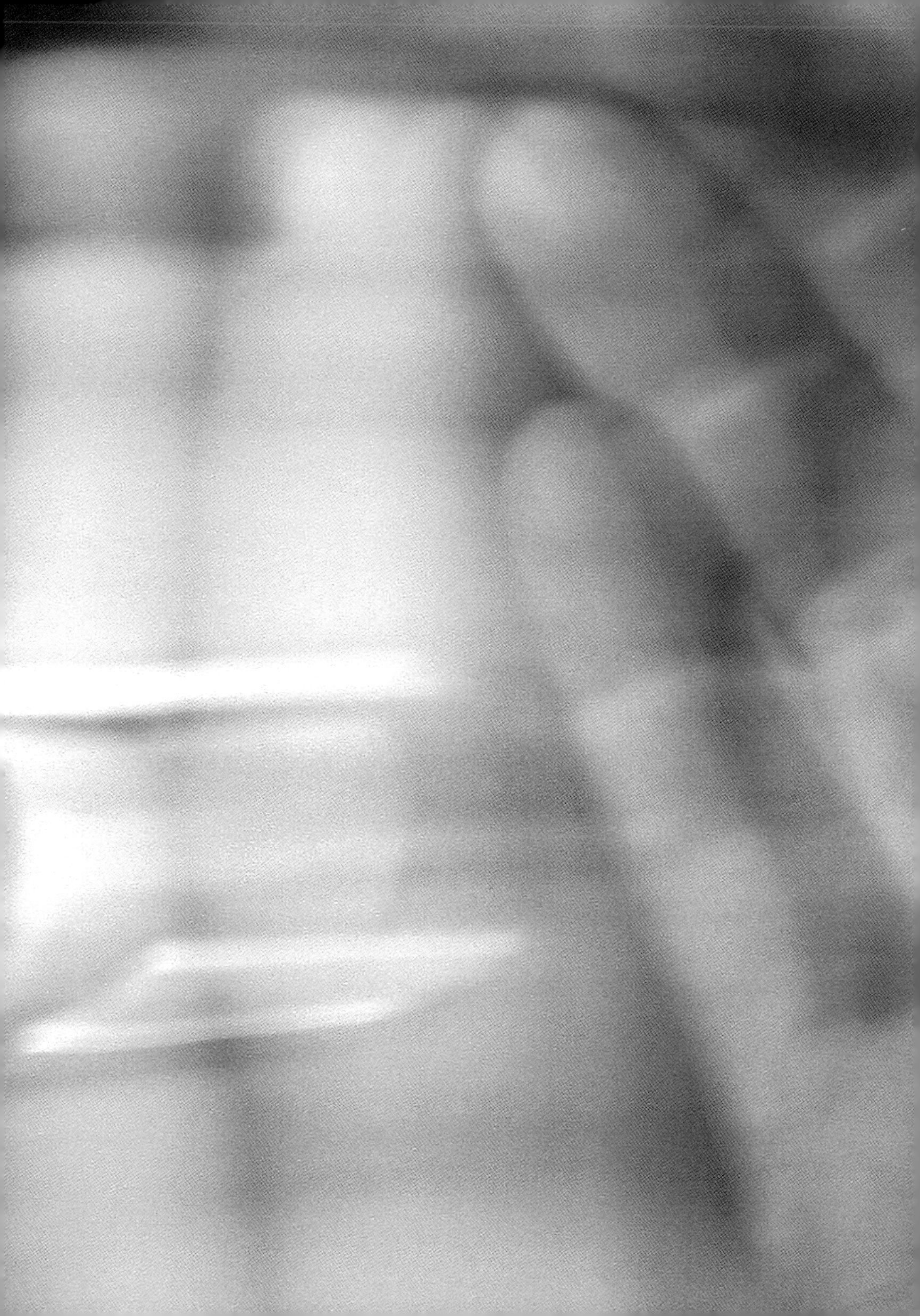

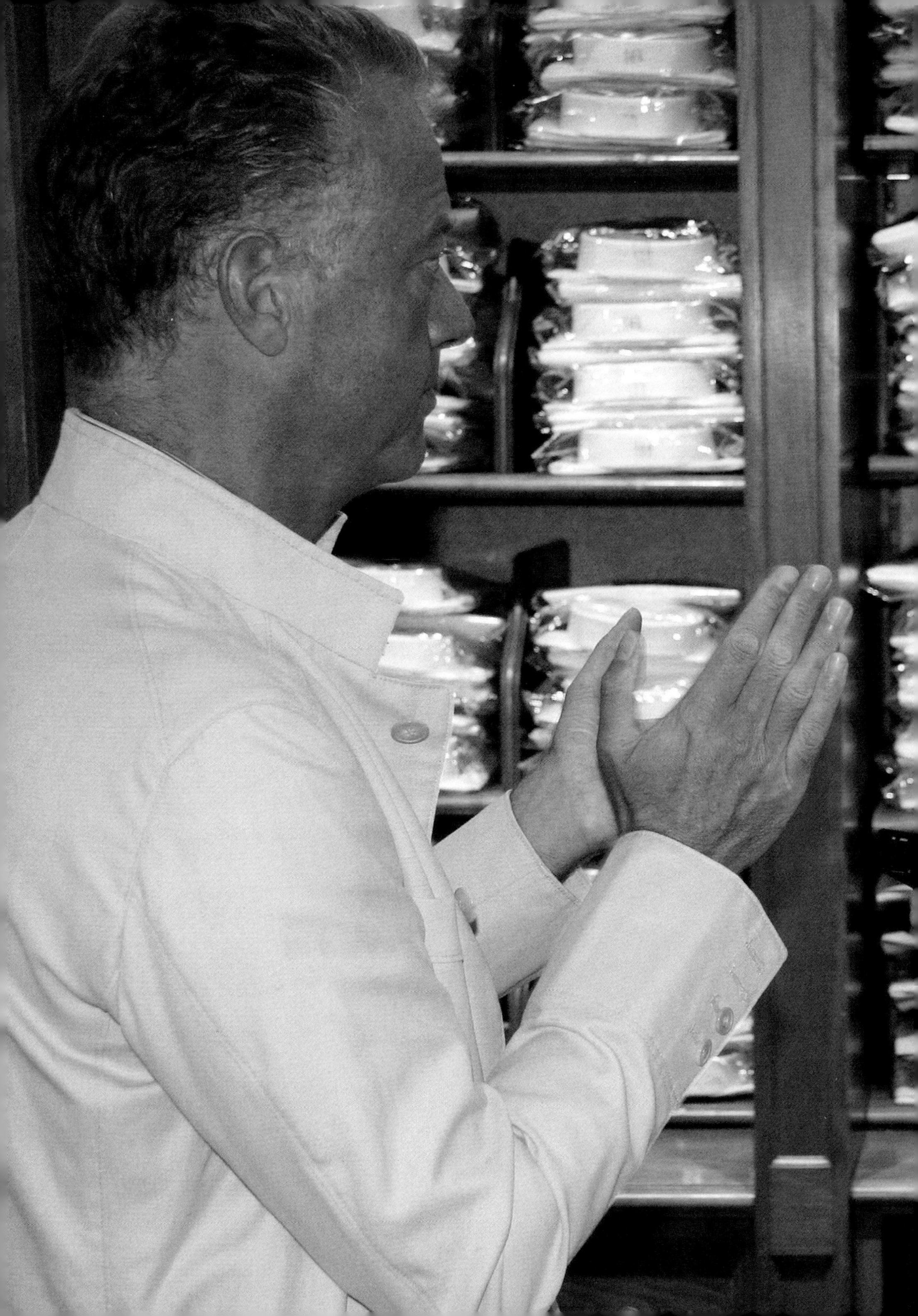

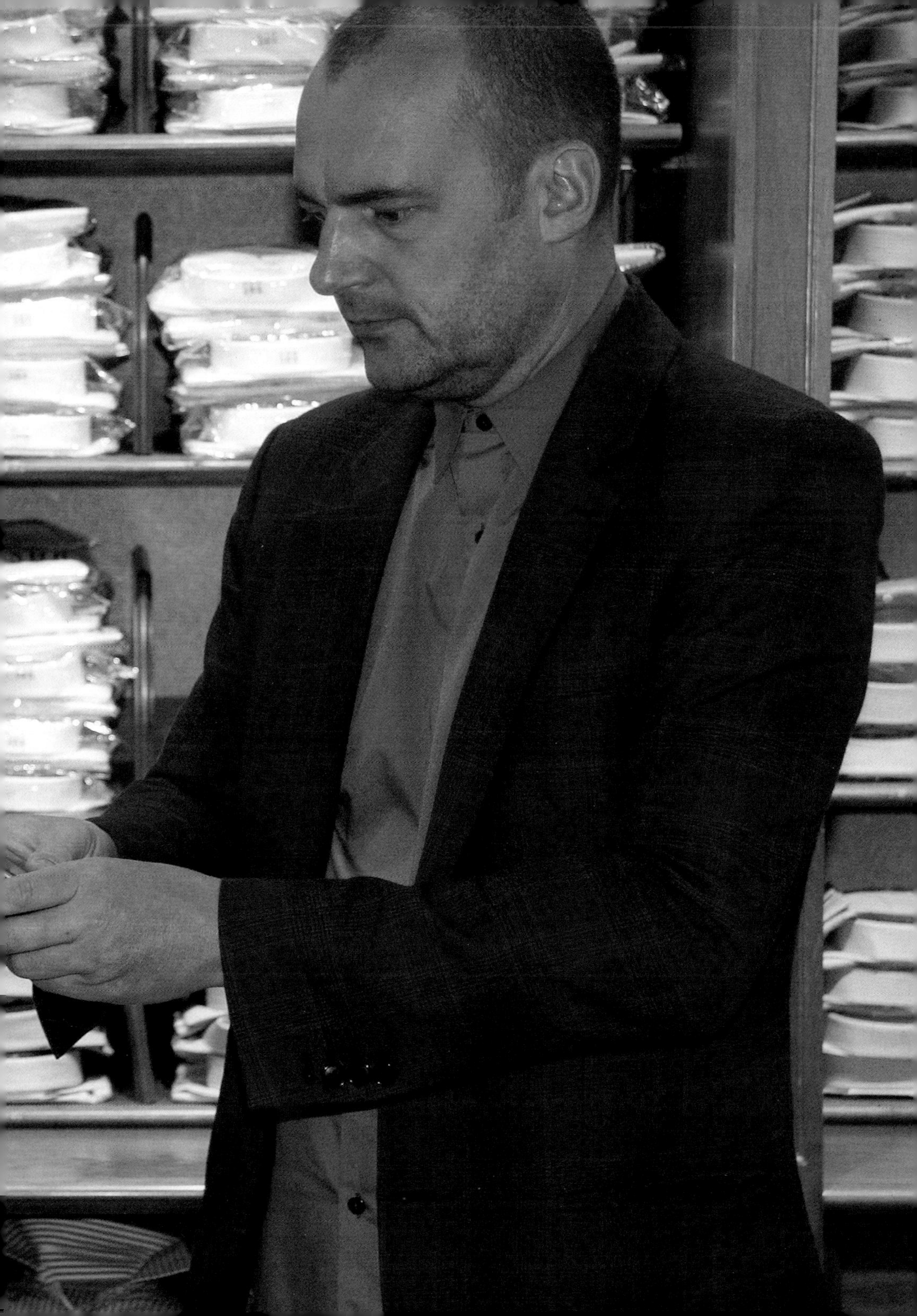

Via Lewandowsky – Applaus
Teilnehmer

1 Jost Arnsperger
2 Marius Babias
3 Stephan Balzer
4 Arnulf Baring
5 Barbara Barsch
6 Leonie Baumann
7 Kathrin Becker
8 Dieter Beuermann
9 Lisa Bosse
10 Waltraud Braun
11 Marie-Blanche Carlier
 und Ulrich Gebauer
12 Georg zu Castell-Castell
13 Mehdi Chouakri
14 Hans-Jörg Clement
15 Teresa de Arruda
16 Arthur de Ganay
17 Gerd de Vries
18 Ludger Derenthal
19 Volker Diehl
20 Oriane Durand
21 Manfred Eichel
22 Thomas Eller
23 Stephan Erfurt
24 Marianne Esser
25 Melanie Frowein
26 Eckhart Gillen
27 Cella Girardet
28 Mark Gisbourne
29 Gerrit Gohlke
30 Karin Graf und
 Klaus Harpprecht
31 Monika Griefahn
32 Renate Grisebach
33 Monika Grütters
34 Nicole Hackert
35 Hans Gerhard Hannesen
36 Matthias Harder

37 Volker Hassemer
38 Katherin Hatesaul
39 Volker Heller
40 Thea Herold
41 Thomas Hölzel
42 Gabriele Horn
43 Hermann Hülsenberg
44 Joachim Jäger
45 Sigrid Kleihues
46 Oliver Koerner von
 Gustorf
47 Stephen Kovats
48 Elfi Kreis
49 Cilly Kugelmann
50 Nicola Kuhn
51 Otto Lampe
52 Matthias Landwehr
53 Peter Lang
54 Ian Lopez
55 Sebastian Louis
56 Paul Maenz
57 Uli Mayer-Johannsen
58 Lise Nellemann
59 Claus Noppeney
60 Sabina Nordalm
61 André Odier
62 Sebastian Peichl
63 Ursula Prinz
64 Christina Rau
65 Ursula Raue
66 Peter Raue
67 Simone Reber
68 Dieter Rosenkranz
69 Martin und Harriet Roth
70 Thomas Rusche
71 Ingeborg Ruthe
72 Joachim Satorius
73 Pamela Schlatterer

74 Elisabeth Schmidt
75 Britta Schmitz
76 Isabel Schroer
77 Bernhard Schulz
78 Hein-Th. Schulze
 Altcappenberg
79 Hans M. Seiler
80 Eva Sichelschmidt und
 Durs Grünbein
81 Gereon Sievernich
82 Antonia Simon
83 Axel Smend
84 Monika Spies-Wehmeyer
85 Klaus Staeck
86 Beatrice Stammer
87 Christiane von
 Stauffenberg
88 Christoph Stölzl
89 Christoph Tannert
90 Stephanie Tasch
91 Renate und Werner Thiele
92 Daniel Tyradellis
93 Ruby Ma und Christian
 Köhler-Ma
94 Gisela von der Planitz
95 Amélie von Heydebreck
96 Qpferdach
97 Claudia Wahjudi
98 Karl Walterbach
99 Sabine Weißler
100 Johannes Wendland
101 Brigitte Werneburg
102 Ivo Wessel
103 Ingeborg Wiensowski
104 Thomas Wohlfahrt
105 Thomas Wulffen
106 Christian Zech
107 Sabine Ziegenrücker

Via Lewandowsky – Applaus
Das Ende einer Welt?

Applaus rauscht. Man kann darin ertrinken, er plätschert oder braust rasend auf. Applaus ist stürmisch und wenn er endet, ebbt er ab. Sobald Hände rhythmisch aufeinander schlagen, greift die Sprache zu Metaphern bewegten Wassers. Während japanische Zen-Mönche in völliger Ruhe das Klatschen einer einzigen Hand vernehmen, bricht im westlichen Kulturkreis der Beifall stets über die Stille herein. Die kurzen, echolosen Knallgeräusche beider Hände zeugen von der Gegenwart eines Publikums, das Anerkennung für kulturelle Leistung spendet. Im asiatischen Raum erhält im Gegensatz dazu auch die Natur Applaus: „Hörst Du Nichts? / Hakuin klatscht zum Stampfen der Falter im Gras – / Der Bambus biegt sich vor Lachen", heißt es in einem berühmten Haiku.

Wenn Via Lewandowsky, der sich längere Zeit in China aufgehalten und dort ausgestellt hat, für das Haus am Waldsee eine Soundarbeit entwickelt, die „Applaus" heißt, geht er auf überraschend unterschiedlichen Ebenen nicht nur auf den musealen Ort mit seiner kulturellen Prägung ein, sondern auch auf dessen Lage am Wasser im weitläufigen Naturgelände einer Parkanlage. Darüber hinaus kritisiert Lewandowsky den heutigen Kunstmarkt ebenso wie das politisch gestrandete System der DDR.

Das Lachen und der Applaus sind Formen allgemeiner Dankbarkeit. Sie zeugen von Staunen und Zustimmung. Sie sind überall dort zu Hause, wo Menschen in einem bestimmten Rahmen für Menschen etwas Performatives leisten: im Theater, im Konzert, im Stadion, in der Arena, nie aber im Museum. Die Kunst scheint eine ernste Angelegenheit

zu sein. Nach einem Ausstellungsbesuch wird grundsätzlich nicht applaudiert.

Der 1963 in Dresden geborene Lewandowsky, der nach seinem Studium bereits vor dem Mauerfall 1989 die DDR in Richtung Westberlin verlassen hat, bricht in seinem aus der Performance heraus entwickelten Werk vor allem mit den Konventionen der Erwartung. Dabei widmet er sich zwei Themenbereichen, die den Staat seiner Kindheit in besonderer Weise charakterisieren: dem Scheitern und dem anwesenden Abwesenden.

Mit wissenschaftlicher Gedankenschärfe legt der Künstler den unangenehmen Kern politischer und kultureller Gegebenheiten frei. Er interpretiert die Ereignisse mit bösem Humor und doch kann der Betrachter über dessen Konsequenz und wörtlicher Direktheit schmunzeln: Für die Teilnahme an einer Ausstellung im Ausland sollte Lewandowsky etwas Berlin-Typisches beisteuern. Er zerteilte eine Humana-Wohnzimmereinrichtung – mitten durch Tisch und Sofa, Teppich und Vogelkäfig – entlang einer geraden Linie und visualisierte so gnadenlos die geteilte Stadt: „Berliner Zimmer", Geteiltes Leid ist halbes Elend, 2002. Lewandowskys Empörung über die inhumanen Folgen der politischen Missstände in der DDR folgen seit 2006 beißende Kommentare zum Ist-Zustand der Kunstwelt. So stellte er 2006 mit „Paeninsula" eine Soundinstallation in Berlin vor, die aus einer Landschaft von Sockeln bestand, auf denen die Kunst unter riesigen, hellblauen Haufen versank. Der Kot hunderter Vögel schien das Werk des Künstlers unsichtbar gemacht zu haben. Über Lautsprecherbeamer waren die Tiere im Raum akustisch anwesend.

Sie symbolisierten die kunstvernichtenden Absonderungen ganzer Generationen in einem dichtgedrängten Taubenschlag, der zugleich ein abgesondertes Terrain darstellte: Paeninsula.

Mit „Applaus" nimmt der Sarkasmus Lewandowskys mildere Töne an. Kunst und Künstler sind hier nicht Opfer, sondern demütige Partner in einem in sich geschlossenen System. Über die Dauer von mehreren Wochen holte sich der Künstler im Sommer 2008 seinen persönlichen Applaus bei über einhundert prominenten Kulturvertretern Berlins ab. Er komponierte daraus eine Applaus-Symphonie, die nicht dem Künstler als Genie und Star gilt, sondern, in Abwesenheit einer Ausstellung, der bildenden Kunst. Damit zielt Lewandowsky auf die Ambivalenz vom Untergang und Aufbruch zeitgenössischer Kunst, die in Zeiten heißgelaufener Eventkultur in ihrer gedanklich komplexen Tiefe gern übersehen und an ihrer Oberfläche um jeden Preis totgeliebt wird. Wolfgang Hildesheimer hat in seiner Erzählung „Das Ende der Welt" ein treffendes Bild für diesen Zustand des Übergangs, der Entscheidung zwischen Gestern und Morgen, zwischen Kunst und Event gefunden: eine auserlesene Konzertgesellschaft trifft sich auf einer untergehenden Palastinsel vor Venedig. Während des Kerzenlichtkonzerts strömen Wasserfluten ein, die konsequent ignoriert werden. Beifall kann schließlich nur noch mit über den Kopf erhobenen Händen gespendet werden. Das Wasser steht den Herrschaften bis zum Kinn, aber sie gehen lieber zusammen mit der Insel unter, als sich, wie der geistesgegenwärtige Erzähler, auf einer Gondel Richtung Festland zu retten.

Den über einhundert beteiligten Claqueuren sei Dank gesagt für ihren Mut, eigenen Beifall für ein Projekt zu spenden, dessen Ergebnis erst in der zufallsgenerierten Symphonie selbst zu erleben ist, die „Applaus" im Haus am Waldsee ausmacht. Erst der Kontext von Raum und Zeit, von dem spezifischen Ort einer Kunstvilla am See und den jeweiligen politischen und kulturellen Ereignissen während der Laufzeit des Projektes, vollenden es in seiner ambivalenten Wirkung zwischen zustimmendem Jubel und schaler Kritik. Dass diese auch technisch sehr anspruchsvolle Arbeit zu bewältigbaren Bedingungen umgesetzt werden konnte, verdanken wir dem Künstlerfreund und Sammler Ivo Wessel. Für die Koordinierung des Projektes danken wir Katharina Köpke. Den Autoren des Kataloges, Andreas Höll und Sven Beckstette, sei für ihre erhellenden Beiträge gedankt und Durs Grünbein für sein Skype-Gespräch mit dem Künstler. Vor allem danken wir Via Lewandowsky für eine spektakuläre Installation, die in diesem Katalog im Reigen seiner übrigen Soundprojekte erstmals vorgestellt wird, und für die er in mönchischer Gelassenheit wochenlange Reisen kreuz und quer durch die Hauptstadt unternommen hat. Die dabei entstandenen Dialoge mit den Claqueuren sind wichtiger Bestandteil eines Projektes, dessen Weg mindestens so wichtig war wie das Ergebnis.

Katja Blomberg

Via Lewandowsky – Applause The end of a world?

Applause roars. You can drown in it; it murmurs gently or it surges thunderously. Applause is tempestuous and when it ends, it ebbs away. As soon as hands are put together rhythmically, language turns to the metaphors of waters in motion. While Japanese Zen monks, in complete silence, become aware of the clapping of a single hand, in the occident applause forever befalls silence. The brief, echoless crackling noises testify to the presence of an audience demonstrating their approval of a cultural achievement. In the East, by contrast, nature, too, meets with acclaim: "Hearst thou nought? / Hakuin claps the trampling butterflies in the grass / Bamboo bends with laughter," runs a famous Haiku.

Via Lewandowsky has developed a sound installation for Haus am Waldsee under the title of Applause which addresses a surprisingly large variety of levels, not only the location of the art institution and its cultural information but also its situation by the water in an extended park. He criticises today's art market as well as the beached political system in which he grew up.

Laughter and applause are forms of general gratitude. They reveal amazement and approval. They are at home where people achieve something by performing in a certain context: in the theatre, the concert hall, in a stadium, an arena, yet never at a museum. Art seems to be serious business. While visiting an exhibition one absolutely does not clap.

Born in Dresden in 1963, Via Lewandowsky, who left the GDR in early 1989 for West Berlin, undermines conventional expectations in an artistic practice he has developed from performance. In doing so, he addresses two subject areas which characterise the state of his childhood: failing and the presence of something absent.

Lewandowsky uncovers with scientific acumen the uncomfortable core of political and cultural conditions. He interprets events with a wicked sense of humour yet he also allows the viewer a wry smile at the consistency and literal straightforwardness. For his part in an exhibition abroad Lewandowsky was asked to contribute something typical of Berlin. He cut along a straight line through the middle of an Humana furnished living room – right through table and couch, carpet and bird-cage – thus mercilessly visualising the divided city: "Berliner Zimmer", Geteiltes Leid ist halbes Elend (a problem shared is misery by half, 2002). Lewandowsky's resentment at the inhumane ramifications of the political grievances in the GDR has been followed, since 2006, by caustic comments on the present circumstances within the art world. In 2006 he presented in Berlin "Paeninsula", a sound installation which comprised a landscape of pedestals on which art sank beneath enormous light blue piles. The excrement of hundreds of birds appeared to have rendered the artist's work invisible. The animals were present acoustically by audio beamer. They symbolised the art-devouring excretions of generations living in a densely packed dovecote which in turn represented a discrete terrain: Paeninsula.

In Applause Lewandowsky's sarcasm assumes more mellow tones. Art and artists are no victims here but humble partners in a closed system. Over a period of several weeks during the summer of 2008 the artist collected his personal applause from more than one hundred prominent exponents of Berlin's cultural circles. From this material he composed an applause-symphony which is not dedicated to the artist as genius or star but, in the absence of an exhibition, to art itself. In doing so, Lewandowsky targets the ambivalence of the demise and dawn of an art which in an era of overheated art-event-culture is often overlooked in its depth and loved to death on its surface. Wolfgang Hildesheimer, in his novella "End of the world" has found a striking image for this state of transition, the crisis between yesterday and tomorrow: a select society has convened near Venice for a concert on a palace island that is subsiding. They ignore the incoming floods. They are reduced to applauding with their hands above their heads. They are up their chins in water yet they rather sink together with the island than save themselves, like the quick-witted narrator, aboard a gondola to the mainland.

To the more than one hundred claqueurs we send our heartfelt gratitude for their courage in donating their applause to a project whose result can only be experienced in the randomly generated symphony of which Applause at Haus am Waldsee consists. Only the context of space and time, from the specific site of an art villa by the lake to the respective political and cultural events during its life-span, completes the project in its ambivalent effect between affirmative jubilation and stale criticism. That it was possible to realise this technically sophisticated work under manageable conditions we owe to the art lover and collector Ivo Wessel. Katharina Köpke we thank for coordinating the project. We are grateful to the authors of the catalogue, Andreas Höll and Sven Beckstette, for their illuminating contributions and to Durs Grünbein for his Skype-conversation with the artist. Most of all we thank Via Lewandowsky for a spectacular installation which is presented in the catalogue alongside his other audio projects for the first time and for which he criss-crossed the capital for weeks on end with monkish equanimity. The ensuing dialogues with the claqueurs form an integral part of a project whose journey was at least as important as its result.

Katja Blomberg

Rituale der Affirmation oder: Über die Abwesenheit des Künstlers im Applaus

Von Andreas Höll

„Das Publikum beklatscht ein Feuerwerk, aber keinen Sonnenaufgang", bemerkte einst der Dichter Christian Friedrich Hebbel. Mit dieser ebenso einleuchtenden wie poetischen Beobachtung beschrieb er zugleich eine wesentliche Bedingung für den Applaus in der westlichen Kultur. Er ist in der Regel an die sichtbare Präsenz des Adressaten gebunden, hier also des Feuerwerkers oder des Regisseurs, der das Spektakel inszeniert und den Beifall entgegennimmt. Via Lewandowsky setzt mit seiner neuesten Audioinstallation an diesem Punkt an. Indem er aus 100 Lautsprechern digital gespeicherten Beifall in die Museumsräume trägt, bricht er zunächst mit der Konvention, dass im Museum für gewöhnlich nicht geklatscht wird. Mag das Publikum auch bei einer Vernissage dem Künstler applaudieren, so beklatscht es doch keine Kunstwerke. Darüber hinaus macht Lewandowskys Arbeit bewusst, dass das Museum ein Ort der Kontemplation und Stille geblieben ist, trotz aller Versuche der historischen Avantgarden, die Kunst mit dem Leben zu verschmelzen, ungeachtet auch aller Institutionskritik, kuratorischen Lockerungsübungen und popkulturellen Bespaßungstendenzen des vergangenen Jahrzehnts.

Der Applaus im Museum – jener Einrichtung, die gerade im Zeitalter der allumfassenden Kommerzialisierung von der Aura der autonomen Hochkultur zehrt – verweist zugleich auf die traditionsreiche Sphäre der darstellenden Künste. In Theater- und Konzertsaal gehört der Beifall von jeher zu den festen Ritualen, doch gelten hier ähnlich rigide Codes wie in der Kunstwelt. Vor allem im Reich der klassischen Musik herrschen bis heute spezifische Applaustabus. Wer etwa bei einer Sinfonie nach dem ersten Satz Beifall spendet, begeht einen unverzeihlichen Fauxpas, der Zischgeräusche seitens des gebildeten Publikums nach sich zieht. Die „Beifallsenthaltung nach den einzelnen Sätzen" soll sich übrigens in Deutschland erst 1910 herausgebildet haben, dank einer Initiative des berühmten Violinisten Karl Klingler. Dieses folgenreiche Klatschverbot kann ohne Zweifel als Höhepunkt eines strikten Erziehungsprogramms gelten, dem das deutsche Kulturbürgertum im 19. Jahrhundert unterworfen wurde. So erließ man 1897 in München einen Verhaltenskodex, in dem „die Vermeidung des Sprechens, des Tactschlagens oder Tacttretens, sonstiger auffälliger Bewegungen" befohlen wurde und gar in dem Aufruf gipfelte, das „Beifallklatschen oder ähnliche Kundgebungen" zu unterlassen. Diese Abrichtung des Konzertpublikums spiegelt *in nuce* den „Prozeß der Zivilisation" wider, wie ihn der Soziologe Norbert Elias beschrieben hat. Es ist eine Geschichte der zunehmenden Kontrolle der Affekte, des Verlustes von Spontaneität, des Ansteigens der Scham- und Peinlichkeitsschwellen, der Verinnerlichung des Körperlichen oder, mit

Freud zu sprechen, der Sublimation. Die Zivilisierung der Konzertgänger zeigt sich aber selbst bei einer Musik, die früher als Inbegriff der Befreiung von bürgerlichen Konventionen verstanden wurde. Auch im Jazz gilt das Gebot vom Applaudieren zur rechten Zeit, wenn der Connaisseur in die verklingenden Schlusstakte des Solos klatscht und dadurch den uninformierten Rezipienten zur prompten Nachahmung zwingt.

Via Lewandowsky verweist auf Rituale der Affirmation in der abendländischen Hochkultur und ihren Wandel im Zivilisationsprozess. Daneben adressiert er auch mit viel Sinn für Ironie das Verhältnis zwischen bildendem Künstler und dessen Publikum.

So hat er sich Beifall von Personen unterschiedlicher Profession und Herkunft erbeten, die alle eine mehr oder weniger wichtige Rolle in der Kunstwelt spielen. Indem er Sammler, Kuratoren, Kritiker, Museumsdirektoren zum Applaus auffordert und diesen mit einem Aufnahmegerät festhält, begeht er einerseits eine Verletzung der Regel, nach der ein Künstler in passiver Haltung auf eventuelle Zustimmungsbezeigungen zu warten hat. Zum andern macht er die Applaudierenden zu Claqueuren seiner Kunst. Damit spielt er auf eine jahrtausende alte Tradition an, die sich bereits im Theater der Antike begründet hat. Obwohl das Beifallklatschen zunächst noch als barbarischer Brauch wahrgenommen wurde, sahen sich Schauspieler und Dramatiker bald schon genötigt, bezahlte Jubler zu engagieren. Ihre Lautstärke entschied, wer sich etwa beim alljährlichen Komödienwettbewerb im Theater des Dionysos durchsetzte.

Noch exzessiver wurden Claqueure im alten Rom eingesetzt. Kaiser Nero beschäftigte eine fürstlich bezahlte Gruppe von 5000 *plausores*, die seine musikalischen und dramatischen Darbietungen frenetisch beklatschen sollten. Einen ungemeinen Professionalisierungsschub erlebte schließlich das Claqueurwesen in der Frühzeit des französischen Kapitalismus: als überlebensnotwendige Werbung für die aufkommenden Privattheater. Neben einem „Claque-Chef" gab es etliche Spezialisten wie „Johler", „Lacher", „Zugabenschreier", „Weiner" oder „Klatscher." Diese neuen Dienstleistungsberufe führten 1820 gar zu einer *assurance des succès dramatiques*, einer Versicherung für Bühnenerfolge, deren Klienten für die diversen Beifallsarten festgelegte Gebühren bezahlen mussten. Der Applaus als Ware eröffnet im frühen 19. Jahrhundert neue Geschäftsfelder. Im Zeitalter der technischen Reproduzierbarkeit wird er indessen auf der Schwundstufe des mechanisierten Beifalls enden. Bei Soap Operas im amerikanischen Fernsehen wurden bereits Mitte des 20. Jahrhunderts Beifall und Gelächter vom Band eingespielt, als Soundtrack für schale Pointen und kruden Humor.

Via Lewandowsky geht mit seinem orchestrierten Beifall noch einen Schritt weiter.

Per Computer schickt er die einzelnen Klatscher in die digitale Endlosschleife und entwirft komplexe akustische Architekturen. Vor allem aber: der Applaus ist nicht Zutat, ist nicht Dekor, sondern Inhalt. Das Klatschen selbst wird zur Kunst. Das erinnert an den romantischen Komponisten Hector Berlioz, der die Claqueure in den Adelsstand erhob: „Die Meister der Claque verachten Amateure, die applaudieren, ohne das Geheimnis des richtigen Applaus zu verstehen. Das Publikum hat keine Ahnung von gutem Applaus. Die Claqueure sind wahre Fachleute geworden. Ihr Beruf hat sich zu einer wahren Kunst entwickelt." Lewandowsky verwendet in subversiver Absicht den Beifall als künstlerisches Material und führt die Geste der Zustimmung ad absurdum. Darüber hinaus schafft er vielfältige Klangräume. Aus den verschiedenen Arten und Erscheinungsformen des Klatschens entsteht eine begehbare Skulptur.

Zugleich umkreist er den Applaus als Metapher der Zustimmung und Belobigung im Betriebssystem „Kunst." Wer beklatscht hier den Künstler, wer applaudiert seiner Karriere? Es ist ein kompliziertes Beziehungsgeflecht aus Galeristen, Kuratoren, Sammlern, Medien und Museumsleuten, welches den Marktwert eines Künstlers bestimmt. Trotz aller Undurchschaubarkeit, welche Faktoren letztlich zu seiner aktuellen Hausse oder Baisse beitragen, welcher Applaus gerade der entscheidende ist, gibt es andererseits Akteure, die man eindeutig dem traditionellen Claqueurwesen zurechnen kann. Es ist der bezahlte Laudator, der wohlwollende Interpret, der gemeinhin die Vernissagenrede hält. Auch gehört – wie der Schreiber dieser Zeilen – der Katalogautor dazu, der gegen Honorar die Kunstwerke deutet. Diese fest institutionalisierte Form der Lobrednerei ist im Vergleich zu den Usancen in der Literatur, der Musik oder im Theater ziemlich einzigartig.

Neben dem mehr oder minder intelligent choreographierten Beifall der Vermittler thematisiert die Installation auch den zunehmenden Starkult in der zeitgenössischen Kunst. Maler werden zu Popstars, gefeiert in Modemagazinen und Lifestyleblättern; Konzeptkünstler zu bejubelten Kapitalisten, die via Auktionshäuser ihre Werke in ungeahnte Höhen katapultieren. Die Rituale der Massenkultur feiern Triumphe in jener früheren Nische, die gemeinhin als elitär verschrien war.

Das Klatschen als Vergötterung des Beklatschten, das kann die eine Funktion des Applauses sein. Die andere ist die der Selbstbestätigung. Man feiert sich selbst, als einzelner, der Anerkennung verteilt. Und als Gruppe, die sich selbst inszeniert, auf der Suche nach jener Entgrenzungserfahrung, die Friedrich Nietzsche in der „Geburt der Tragödie" beschrieben hat: „Dass die Klüfte zwischen Mensch und Mensch einem übermächtigen Einheitsgefühl weichen." Dabei bedarf die kollektive Selbstbestätigung in der Mediengesellschaft des 21. Jahrhunderts offenbar nicht mehr der realen Gegenwart des Stars, der beklatscht wird. So geschehen z. B. beim Public Viewing der Berliner Staatsoper, als 20.000 Zuschauer dem Videobild von Anna Netrebko applaudierten.

Die Abwesenheit des Künstlers beim Applaus treibt Via Lewandowsky in die letzte Konsequenz. Seine Person bleibt – im Gegensatz zur Opernsängerin auf der Leinwand – unsichtbar. Während sie sich vor dem anwesenden Publikum in der Oper verbeugt, verweigert er seine Präsenz inmitten der geloopten Beifallsstürme.

„Im Beifall ist immer eine Art Lärm: selbst in dem Beifall, den wir uns selber zollen", hat wiederum Nietzsche, der performative Philosoph und Philosoph des Performativen, geschrieben. Und wenn der Lärm endet, beginnt das Schweigen. Die Audioinstallation spielt mit allen Variationen des Applauses und der Stille. Erst die Stille macht den Beifall hörbar. Und sie scheint der größte Luxus in einer Welt zu sein, die sich im Kampf um Aufmerksamkeit verzehrt. Wenigstens für

eine Ausnahmegestalt wie den beifallsverwöhnten Pianisten Vladimir Horowitz: „Es ist die Stille, die zählt, nicht der Applaus. Applaus kann jeder haben. Aber die Stille vor und während des Spiels – das ist das Größte." Vielleicht wird man so auch einmal den Erfolg eines bildenden Künstlers bewerten: wie viel Zeit die Betrachter seinem Werk schenken, mit welchem Grad der Intensität sie sich darin versenken. So erinnert die Arbeit von Via Lewandowsky auch an eine scheinbar naive und darüber hinaus völlig unzeitgemäße Utopie. Die Sehnsucht, dass Kunst einst nicht mehr so sehr auf ihren Markt- oder Sensationswert abgeklopft und im positiven Falle wie ein Feuerwerk beklatscht, sondern als ein Phänomen wahrgenommen wird, das Stille und Präsenz erfordert – ähnlich wie beim Verfolgen eines Sonnenaufgangs.

Rituals of affirmation – on the absence of the artist

Andreas Höll

"The public applauds a firework, but not a sunrise," the poet Christian Friedrich Hebbel noted once. This reasonable as well as poetic observation describes an essential condition of applause within Western culture. As a norm it is tied to the visible presence of the addressee, in this case the pyrotechnician or the director of the spectacle accepting the acclaim. This constitutes the point of departure of Via Lewandowsky's latest sound installation. By importing digitally recorded clapping from 100 loudspeakers to the rooms of Haus am Waldsee, he breaks with the convention according to which there is to be no clapping at an art institution. The audience may applaud an artist at an opening, yet it is not to show its approval of the works of art in that particular way. Moreover, Lewandowsky's piece draws attention to the fact that the museum has remained a place for contemplation and silence in spite of the attempts by the historical avant-garde to meld art and life, despite all the critique of institutions, the loosening exercises by curators and the leanings of Pop culture towards sheer personal amusement exhibited over the last decade.

Applause at the museum – the institution which in the age of all-encompassing commercialisation still feeds on its aura of autonomous high culture – refers at the same time to the rich traditions of the performing arts. In the theatre as well as the concert hall, applause has been part of the rigid rituals of these locations with similarly inflexible codes like those in the art world. Prominent among them are the taboos concerning expressions of approval within the realm of classical music. Whoever dares to clap after the first movement of a symphony commits an unforgivable faux pas, eliciting hissing noises from the erudite audience. The "abstaining from applause between individual movements" is said to have emerged in Germany as late as 1910 owing to the initiative of the famous violinist Karl Klingler. This momentous prohibition on clapping is without doubt the climax of a strict educational programme to which the German educated classes were subjected during the 19th century. In 1897 a code of conduct was decreed in the city of Munich commanding the "avoidance of conversation, keeping time with both hand and foot and sundry conspicuous motions" and culminating in the exhortation of refraining from "clapping or similar demonstrations". In a nutshell, this training of the concert audience reflects the "process of civilisation" as described by the sociologist Norbert Elias. It is a story of the increasing control over the affects, the gradual loss of spontaneity, the lowering of thresholds for shame and embarrassment, the internalisation of every aspect of the bodily or sublimation, to give Freud's term. The civilising of the concertgoer also reveals itself in the music which had hitherto been considered the acme of liberation from bourgeois convention. Even in Jazz the dictate of the correctly timed applause holds when the connoisseur claps over the final fading bars of a solo, thus prompting the uninitiated recipient to follow suit.

Via Lewandowsky refers to the rituals of affirmation in occidental high culture and the changes they have undergone in the process of civilisation. At the same time, however, he addresses the relationship of the artist and his or her audience with an acute sense of irony.

Thus he has asked for the 'plaudits' of persons of varying professions and from different walks of life who all play a more or less prominent role within the art world. By asking collectors, curators, critics and museum directors to put their hands together and capturing their tribute in a recording device, he transgresses the rule according to which an artist is to assume a passive role while awaiting potential accolades or other manifestations of approval. On the other hand, however, he turns applauders into claqueurs alluding to a tradition which originated in Greek drama more than two millennia ago. Although clapping one's hands was then still perceived as a barbaric custom, actors and playwrights soon found themselves constrained to hire people to cheer against remuneration. Their volume decided who was going to win the annual Dionysia, the competition of tragedies and comedies in honour of the god Dionysus. The claque was even more excessively employed in ancient Rome. Emperor Nero supported a well-paid group of 5,000 *plausores*, to frenetically acclaim his musical and dramatic performances. Early French capitalism witnessed a tremendous advance in the organisation of the professional claqueur as an ingredient critical to the survival of the emerging private theatre. Apart from a chef de claque (leader of applause) there were any number of specialists such as rieurs (laughers), bisseurs (encore-ers), who simply clapped and cried "Bis! Bis!", pleureurs (criers) or chatouilleurs (ticklers) as well as simple applauders. In 1820, these new service professions led to an *assurance des succès dramatiques*, an insurance of stage success, whose clients had to pay fixed fees for the various kinds of acclaim. Applause as commodity opened up new business areas in the early 19th century. In the age of technical reproducibility, it will instead dwindle to base, mechanised clapping. American comedy shows and soap operas were underlaid with applause and laughter by the middle of the 20th century, as a soundtrack for stale jokes and crude humour.

With his orchestrated ovation, Via Lewandowsky takes us one step further.

By means of the computer he sends the individual clapper on a digital loop and designs complex auditory architectures. Most of all, however, the applause is not an addition, not part of the décor but is literally the content of the installation. Applauding itself becomes art. This echoes Romantic composer Hector Berlioz who was willing to ennoble the claqueurs: "The chefs de claque despise the amateurs who clap without understanding the secret to real applause. The audience is ignorant of proper applause. The members of the claque have become genuine experts. Their profession has developed into a true art form." Lewandowsky uses applause with subversive intent as artistic material and reduces the gesture of approval to absurdity. Furthermore, he creates multiple sound spaces. From the various kinds and instantiations of clapping emerges a walk-in sculpture.

At the same time, he circles the applause as a metaphor of affirmation and approval within the operating system that goes by the name of art. Who is cheering the artist, who pays homage to his career? It is a complex web of relations woven around gallerists, curators, collectors, media and museum people which determines the market value of an artist. Despite the opacity of which factors will eventually contribute to his or her present bear or bull market, of which (and whose) applause is currently of paramount importance, there are always agents who unequivocally belong to the traditional system of the claque. They are the paid laudator, the benevolent critic who commonly makes a speech at the opening of an exhibition. The author contributing, like the writer of these very lines, to the catalogue, interpreting the works of art for a fee, belongs in that category, too. This firmly established institution of eulogy and panegyric is rather unique when compared to common practices in literature, music or the theatre.

Apart from the more or less intelligently choreographed applause of the mediators the installation deals with the increasingly wide-spread star-cult within contemporary art circles. Painters become pop stars, celebrated in fashion magazines and lifestyle rags; conceptual artists turn acclaimed capitalists by boosting their own price with the aid of an auction house. The rituals of mass culture enjoy triumphant performances in the nooks and crannies that used to be denounced as elitist.

Applause as the apotheosis of the applauded – that can indeed be one function of clapping. The other is self-affirmation: fêting one's own ego, as an individual who spreads approval and acknowledgement. In a group, this takes the form of casting oneself in the role of someone in search of the delimiting experience which Friedrich Nietzsche has described in The Birth of Tragedy: "all that separated man from man, gave way before an overwhelming sense of unity which led back into the heart of nature." Evidently, collective self-affirmation in the media society of the 21st century no longer requires the real presence of the star to receive her applause. This happened, for instance, at the public viewing at Berliner Staatsoper when 20,000 paid homage to the video image of Anna Netrebko.

The absence of the artist during the applause drives Via Lewandowsky to the ultimate ramification. His persona – in contrast to the opera singer on the screen – remains invisible. While she bows to the attending audience, he denies the public his presence among the looped ovations.

"In applause there is always a kind of noise – even in the applause we give ourselves", Nietzsche, that performative philosopher and philosopher of the performative, wrote in turn. Where the noise ends, silence begins. The audio installation plays with all the variations of applause and silence. Only silence renders applause audible. Silence seems to be the greatest of all luxuries in a world clamouring for attention (and approval). At least, that was true of someone as exceptional and indulged by the public's approval as the pianist

Vladimir Horowitz: "It is the silence that counts, not the applause. Everyone can have applause. Yet the silence before and during play – that is the greatest thing." Perhaps one day the success of a visual artist will be judged in the same way, by how much time the audience dedicate to his or her work, to which degree of intensity they submerge themselves in it. Thus the work by Via Lewandowsky reminds us of an apparently naive and, what is more, absolutely untimely utopia: the desire that art at some point in time be not so much a matter of sensational or market value, at best applauded like a fireworks display, but be perceived as a phenomenon demanding silence and presence – similar to the witnessing of a sunrise.

Bzzzzzzzzzzz
Zum Einsatz des Klangs im Werk von Via Lewandowsky

Sven Beckstette

Via Lewandowsky empfindet offensichtlich eine Hassliebe gegenüber Stubenfliegen. Dass er sprichwörtlich keiner von ihnen etwas zuleide tun könne, wird der Künstler sicher nicht von sich behaupten, im Gegenteil: fünf Zweiflügler köpfte er und stellte ihre zerstückelten Leiber mittels eines Vergrößerungsglases öffentlich zur Schau („Fliegen ohne Kopf", 1997). Mit weiteren toten, aber immerhin unversehrten Exemplaren malte er sich den Alltag und die Fantasien der Insekten aus („Welt der Fliegen", 1998). Vielleicht aus schlechtem Gewissen vor derartig kaltblütigen Inszenierungen erwies er schließlich stellvertretend einem Opfer der Gattung, das zufällig in Reichweite seiner Klatsche gekommen war, die letzte Ehre und errichtete ihm ein patriotisches Mahnmal („An der Heimatfront gefallen", 2000).

Auch die Rauminstallationen von Via Lewandowsky werden gelegentlich von Fliegen bevölkert, so etwa die 2001 geschaffene Situation „Schiefer Laufen". In einer neutralweißen Galerie sorgten das künstlich erzeugte Gefälle des Bodens und eine gekippte Museumsbank für ein Gefühl von Unsicherheit und Instabilität. Außerdem hatte sich eine Fliege hierher verirrt, die verzweifelt nach einem Weg ins Freie suchte. Ihr enervierendes Brummen erfüllte die Ausstellung, so dass von einer stillen Kontemplation vor den beiden Bildern an den Wänden nicht die Rede sein konnte.

In der Folge schien das Insekt Gefallen an den aseptischen Zellen der Kunst gefunden zu haben. Sein Surren war 2005 während der Ausstellung „Homezone" in der Galerie für Zeitgenössische Kunst in Leipzig und noch im selben Jahr in der Lobby des „Hotels" zu vernehmen, das Lewandowksy für die Tiroler Landesausstellung zusammen mit dem Zürcher Architekturbüro e2a in Hall i. T. konzipiert hatte. Ziellos zog die Fliege ihre Kreise über die Köpfe der Besucher. Die Verursacherin des störenden Lärms ließ sich jedoch nicht ausmachen, was diesmal allerdings nicht ihrer Winzigkeit geschuldet war. Tatsächlich war sie nur akustisch präsent. Ein Audiobeamer strahlte eine Tonaufnahme ihrer Flügelbewegungen in den Raum und imitierte so ihre Flugbahn mimetisch perfekt. Diese technische Reproduktion allein reichte aus, um den Eindruck zu erwecken, die Fliege sei in ihrer ganzen Penetranz physisch anwesend.

Das Geräusch der Fliege lenkt den Blick auf einen Aspekt in Lewandowskys Schaffen, der bislang wenig beachtet worden ist, obwohl er von Beginn seiner künstlerischen Laufbahn an eine wichtige Rolle in seinem Werk spielt: der Einsatz von Klang. Schon in den Performances der Autoperforationsartisten, zu denen neben Lewandoswky drei Bühnenbildstudenten aus Dresden gehörten und die mit an die Grenzen des Ekels stoßenden Aufführungen ihre Ablehnung der bestehenden Verhältnisse in der DDR zum Ausdruck brachten, wurden die Zuschauer nicht nur mit starken visuellen, sondern mit ebenso heftigen akustischen Reizen konfrontiert.[1] Das Bewusstsein für die Wirkung unterschiedlicher Schallereignisse lässt sich auf Lewandowskys Erfahrungen aus dieser Zeit zurückführen. Wie Theresa Georgen kürzlich betont hat, liegen die Wurzeln dessen, was heute als Soundinstallation[2] bezeichnet wird, in der aktionistischen Kunst der 1970er Jahre, die vielfach vom menschlichen Körper und seinen Lauten ausgegangen ist.[3] So gesehen, ist Lewandowskys Weg von der Performance hin zur Klanginstallation kunstgeschichtlich durchaus folgerichtig.

Für seine Installationen und Objekte benutzt Lewandowsky weder Musik noch abstrakte Tonfolgen als dekorative Folie. Wie das Beispiel der Fliege gezeigt hat, arbeitet er primär mit konkreten, identifizierbaren Geräuschen aus Umwelt und Alltag. Wenn in seinen Arbeiten tatsächlich einmal eine Melodie auftaucht, wie der Kindergesang in der Videoinstallation „Komm stirb mit mir" (1998), stehen für Lewandowsky die atmosphärischen Qualitäten der Tonspur im Vordergrund, in der der religiöse Wahnwitz des Gruppenselbstmords einer Sekte unterschwellig widerhallt. Zirpende Grillen, das Rauschen des Windes, tosende Wellen und ein Vogelkonzert schaffen eine Idylle, die sich angesichts der so betörend wie dissonant vorgetragenen Todesbotschaft als trügerisch erweist. Lewandowskys außergewöhnliche Sensibilität gegenüber der lautlichen Dimension seiner Arbeiten zeigt sich vielleicht am deutlichsten an einem eher ungewöhnlichen Beispiel. Selbst ansonsten „stumme" Fotografien verwandelt er in „Klangarbeiten", wenn er Bildfragmente von den Zerstörungen des Ersten Weltkriegs mit den Titeln „kawumm" (1997) und „dröhnen" (1998) versieht, onomatopoetische Wörter, die beim Lesen automatisch den entsprechenden Laut im Kopf des Betrachters erzeugen.

Das Geräusch der summenden Fliege dient Lewandowsky in erster Linie dazu, eine Anwesenheit durch Abwesenheit zu suggerieren. Bei diesem metaphorischen Prinzip handelt es sich um ein Leitmotiv, das sich in vielen seiner Werke nachweisen lässt („Last Call" ‚1997 oder „paeninsula", 2007). Es basiert im wesentlichen auf dem psychologischen Effekt, der sich als die Klangordnung der Dinge bezeichnen ließe: da wir gewohnt sind, Gegenstände und Lebewesen mit signifikanten Geräuschen in Verbindung zu bringen, reicht das bloße Hören dieser Laute aus, um sie uns bildlich zu evozieren. Das Aufkommen elektroakustischer Aufzeichnungsmechanismen in der ersten Hälfte des 20. Jahrhunderts führte jedoch zu einem grundlegenden Wandel in der Wahrnehmung von Tönen. Erstmalig konnte nun ein Klang von seinem zeitlichen und räumlichen Ursprung isoliert und in jeden gewünschten Kontext integriert werden. Fortan entwickelte die akustische Repräsentation ein reges Eigenleben.

Was geschieht, wenn Schall und Quelle vertauscht werden, lässt sich an Lewandowkys Arbeit „Brutkasten" (2005) beobachten. Bei einer Schwarzwalduhr markiert nicht wie üblich ein Kuckuck den Lauf der Zeit. Wenn sich die Klappe zu jeder vollen Stunde öffnet, erscheint der Trichter eines Megaphons, aus dem der Gebetsruf eines Muezzins lautstark ertönt. Durch den einfachen Eingriff in die Klangidentität des Gegenstandes unterwandert Lewandowsky die Erwartungshaltung des Betrachters und lädt das Objekt damit hintersinnig neu auf. Er verbindet ein klischeehaftes Sinnbild deutscher Volkstümlichkeit mit einem Ritus des Islam und ironisiert so die Angst vor einer „kulturellen Überfremdung", die vor allem von konservativen und rechtspopulistischen Kreisen geschürt wird.

In Via Lewandowskys Werken sind Geräusch und Ding demnach selten deckungsgleich. Vielmehr spielt der Künstler beständig den Gesichtssinn gegen die akustische Wahrnehmung aus. Dadurch hebelt er das auf Homogenität und Geschlossenheit zielende Ordnungsgefüge eines totalen Gesamtkunstwerks in seinen Ansätzen aus und schafft demgegenüber subtile Leerstellen und ironische Brüche, absurde Irritationen und disharmonische Verschiebungen, die sich erst in der Vorstellung des Betrachters zu einem widersprüchlichen Ganzen verbinden.

1 „Der gezielte Einsatz von Lichteffekten, den die Autoperforationsartisten als studierte Bühnenbildner perfekt beherrschten, sowie von Geräuschen und Musik machten die Zuschauerleiber zu Resonanzkörpern der inszenierten Atmosphäre", Jessica Ullrich, „Spielgefechte des Ichs gegen das Selbst", Künstlerego und Publikum am Beispiel Via Lewandowskys, in: Micha Brendel, Else Gabriel, Rainer Görss, Via Lewandowky, Ordnung durch Störung, Auto-Perforations-Artistik, Ausstellungskatalog Oktogon, Hochschule für Bildende Künste, Dresden 2006, S. 73f.

2 Vgl. Juliane Rebentisch, Ästhetik der Installation, Frankfurt/Main 2003, S. 207–231

3 „Neue Erfahrungen des Hörens in Raum und Zeit werden vom Beginn der kurzen Geschichte der Installationskunst an über Ausdrucksweisen des Körpers vermittelt, wie wir sie auch von der Aktions- und Performancekunst her kennen und die zum Teil untrennbar mit der Installationskunst verwoben ist. Unmittelbar vom Körper ausgehende Geräusche und Töne wie das Atmen, das Stöhnen, das Schreien, das Sprechen, das Singen haben unsere Hörerfahrungen seit den siebziger Jahren geprägt", Theresa Georgen, Bild- und Klanginstallationen, Passagen des Erinnerns und Vergessens, in: Petra Maria Meyer, acoustic turn, München 2008, S. 694

Zzzzzzzzzzzzzzzzzzzzzzzz
On the use of sound in the work of Via Lewandowsky

Sven Beckstette

Via Lewandowsky obviously entertains a love-hate-relationship towards houseflies. Surely he would not claim that he could not hurt the proverbial fly, quite the contrary: he beheaded five dipterae and put their mutilated bodies, together with a magnifying glass, on public display. (Fliegen ohne Kopf, headless flies, 1997). He used further dead, but at least intact, specimens in conceiving the everyday life and fantasies of the insects (Welt der Fliegen, world of flies, 1998). Spurred on perhaps by a bad conscience arising from such cold-blooded stagings, he eventually paid his respects to a victimised representative of the species which happened to come within the range of his swatter, erecting a patriotic monument in its honour (An der Heimatfront gefallen, fallen on the home front, 2000).

The sound installations of Lewandowsky, too, are occasionally frequented by flies, e.g. "Schiefer Laufen" (walking more lopsidedly), a situation created in 2001. In a gallery painted in neutral white, an artificial slope in the floor and a tilted museum bench made for a sense of insecurity and instability. A fly had strayed here, too, desperately searching for a way out. Its irritating buzz filled the exhibition foiling the very idea of silently contemplating the two paintings on the walls.

In time, the insect seemed to take to the aseptic cells of art. Its whirring could be heard in 2005 during the exhibition Homezone at the Galerie für Zeitgenössische Kunst in Leipzig and, in the same year, in the lobby of the "Hotel" which Lewandowsky conceived in collaboration with the Zurich architects e2a for Hall i. T. Aimlessly, the fly circled over the heads of the visitors. The cause of the distracting noise refused to be turned off which, on this particular occasion, was not the fault of its diminutiveness. It was indeed only present acoustically. An audio beamer disseminated a recording of its wing movements, imitating its flight path to mimetic perfection. The technical reproduction alone sufficed to evoke the impression of the fly's obtrusive physical presence.

The sound of the fly directs our attention to an aspect of Lewandowsky's practice which has been, for the most part, neglected although it has played an important role throughout his career: the use of sound. At a stage as early as his performances with the Autoperforationists in Dresden, a group made up of Lewandowsky and three students of stage design, who expressed their opposition to the prevailing conditions within the GDR by performances which pushed the limits of the revolting, the audience were confronted not only with strong visual but also vigorous auditory stimuli.[1] His consciousness of the effects produced by various sound events can be traced back to Lewandowsky's experiences during that particular time. As Theresa Georgen has remarked recently, the roots of what is called sound installation today[2] are grounded in the action-oriented art of the 1970s which more often than not was based on the human body and the sounds it emits.[3] Seen from this angle, Lewandowsky's path from performance to sound installation is quite consistent with the artistic developments of his time.

Lewandowsky employs neither music nor abstract sound sequences as a decorative foil for his installations and objects. As the example of the fly demonstrates, he works primarily with concrete, identifiable noises taken from the environment and everyday life. When melody emerges in his work at all, such as the singing children in the video installation "Komm stirb mit mir" (come die with me, 1998), it is the atmospheric qualities of the audio track that remain foremost in Lewandowsky's concerns which, in the case mentioned, subliminally echoes the religious delusion of the mass suicide by members of a sect. Chirring crickets, the swoosh of the wind, roaring waves and a concert of birdsong create a deceptively bucolic scene with its beguiling as well as dissonant rendering of a message of death. Lewandowsky's extraordinary sensitivity concerning the auditory dimension of his works is perhaps best demonstrated by one rather unusual example. He turns even otherwise "silent" photographs into "sound pieces" by bestowing onomatopoeic titles such as "Kawumm" (kablooey, 1997) and "Dröhnen" (droning, 1998) on fragments of pictures from World War I which, when read, automatically evoke the corresponding sound in the mind of the viewer.

The noise of the buzzing fly serves Lewandowsky most of all in suggesting presence by absence. This metaphoric principle forms a leitmotif which can be traced in many of his works (e.g. Last Call, 1997, or paeninsula, 2007). Essentially it is based on the psychological effect which one might describe as the auditory order of things: since we are used to hooking up objects – animate or dead – with significant sounds, it is by and large sufficient to hear that sound to evoke their image within us. The emergence of electro-acoustic recording mechanisms in the early half of the 20th century, however, led to a fundamental shift in the perception of sounds. For the first time, it was possible to isolate a tone from its temporal and spatial origin and integrate it into any other context. Henceforth, acoustic representation developed a busy life of its own.

What happens when a sound and its source are exchanged can be observed in Lewandowsky's "Brutkasten" (incubator, 2005). In a Black Forest clock, it is not the expected cuckoo which marks the passage of time. When the hatch opens on the hour, the horn of a megaphone appears, loudly spreading a muezzin's call to prayer. By the simple intervention in the object's sound identity Lewandowsky disappoints the expectation of the viewer and charges the object with a new underlying sense. He connects the stereotypical emblem of German folklore with Islamic rite and thus provides an ironic twist to the fear of "cultural infiltration" promoted by conservative and right-wing circles.

In Via Lewandowsky's works, sound and object are therefore rarely congruent. Rather, the artist plays the visual off against auditory perception. In doing so, he undermines the very foundations of the order of a Gesamtkunstwerk which is directed towards homogeneity and completeness. Instead, he creates subtle blanks and ironic breaks, absurd irritations and disharmonious shifts which only combine into a contradictory whole in the imagination of the viewer.

1 "The precise use of light effects, of which the Autoperforationists, being trained stage designers, had perfect command, as well as of sound and music turned the bodies of the audience into resonators of the staged atmosphere," Jessica Ullrich, "Spielgefechte des Ichs gegen das Selbst, Künstlerego und Publikum am Beispiel Via Lewandowskys," in: Micha Brendel, Else Gabriel, Rainer Görss, Via Lewandowsky, Ordnung durch Störung, Auto-Perforations-Artistik, exhibition catalogue Oktogon, Hochschule für Bildende Künste, Dresden 2006, p. 73f.

2 Cf. Juliane Rebentisch, Ästhetik der Installation, Frankfurt/Main 2003, p. 207–231.

3 "New experiences of hearing in space and time are communicated, from the onset of the short history of performance art, through expressions of the body which we know from Action and Performance art and which form, for the most part, an integral part of Installation art. Sounds and noises which are immediately produced by the body such as breathing, groaning, screaming, talking, singing have informed our auditory experience since the 1970s," Theresa Georgen, "Bild- und Klanginstallationen, Passagen des Erinnerns und Vergessens," in: Petra Maria Meyer (ed.), acoustic turn, Munich 2008, p. 694.

Arbeiten mit Ton /
Works with sound
1994 – 2008

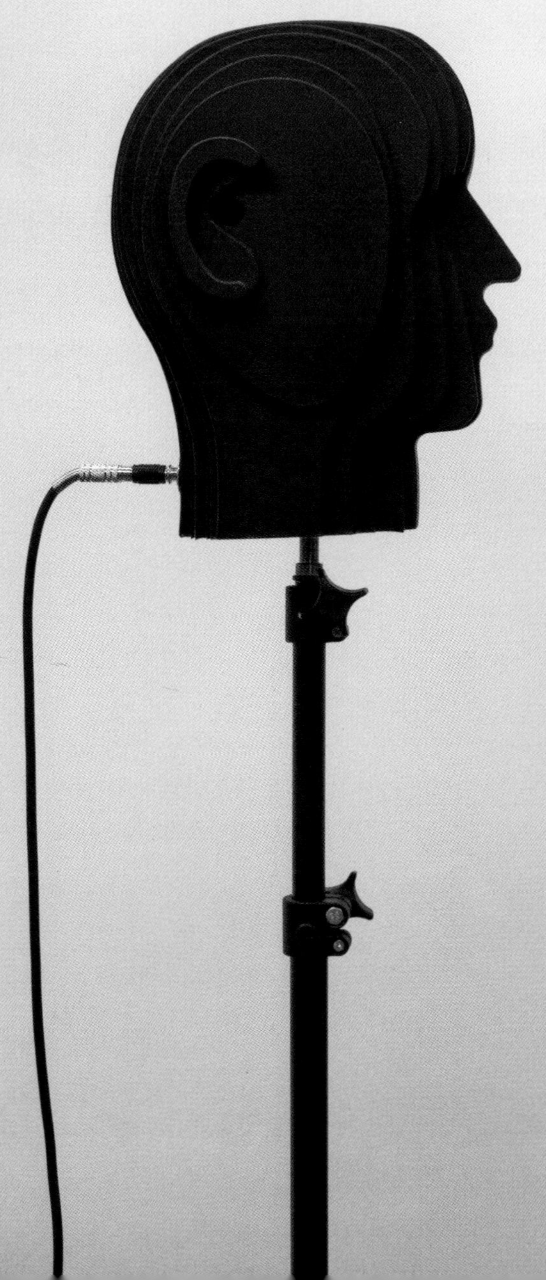

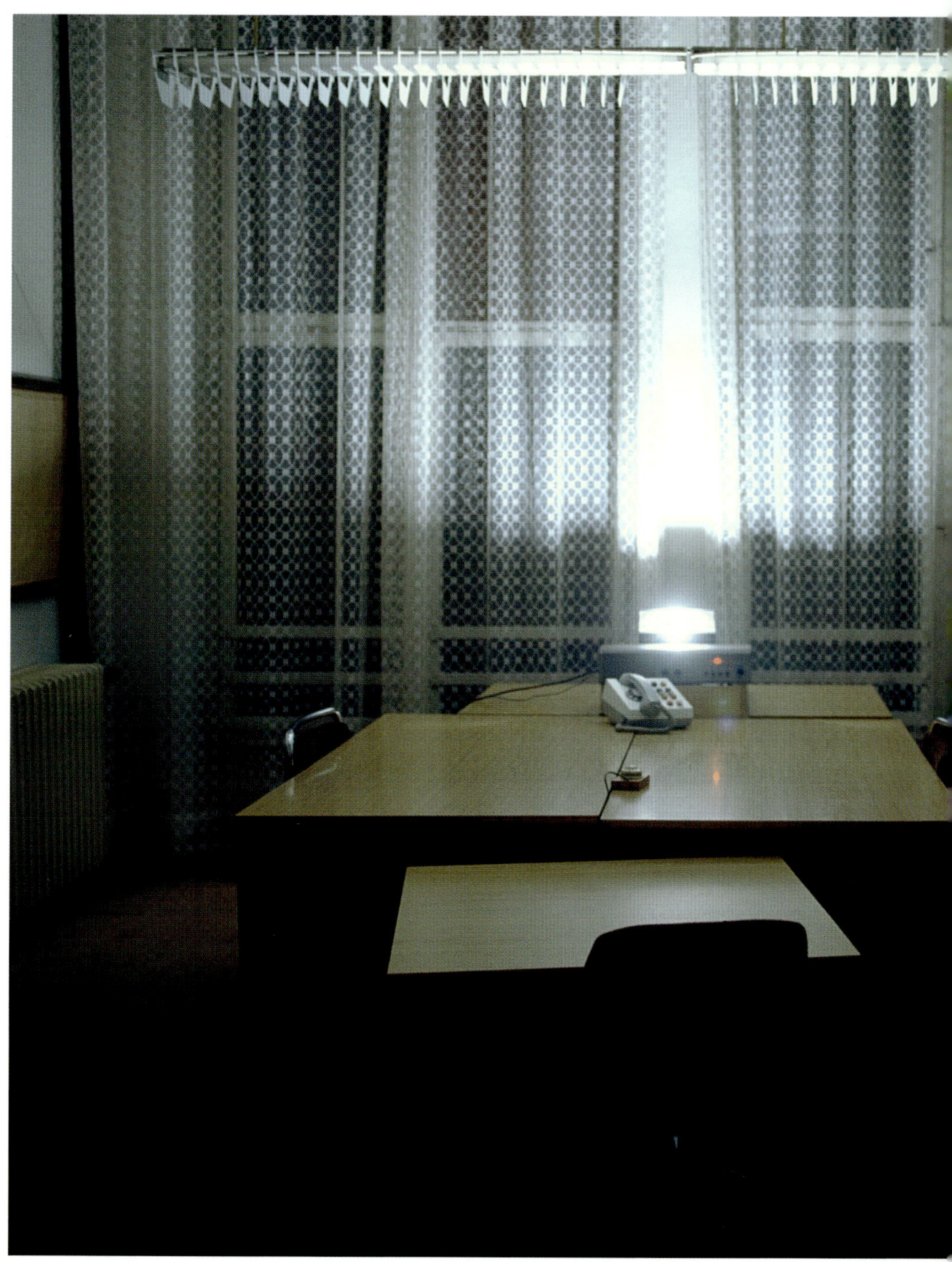

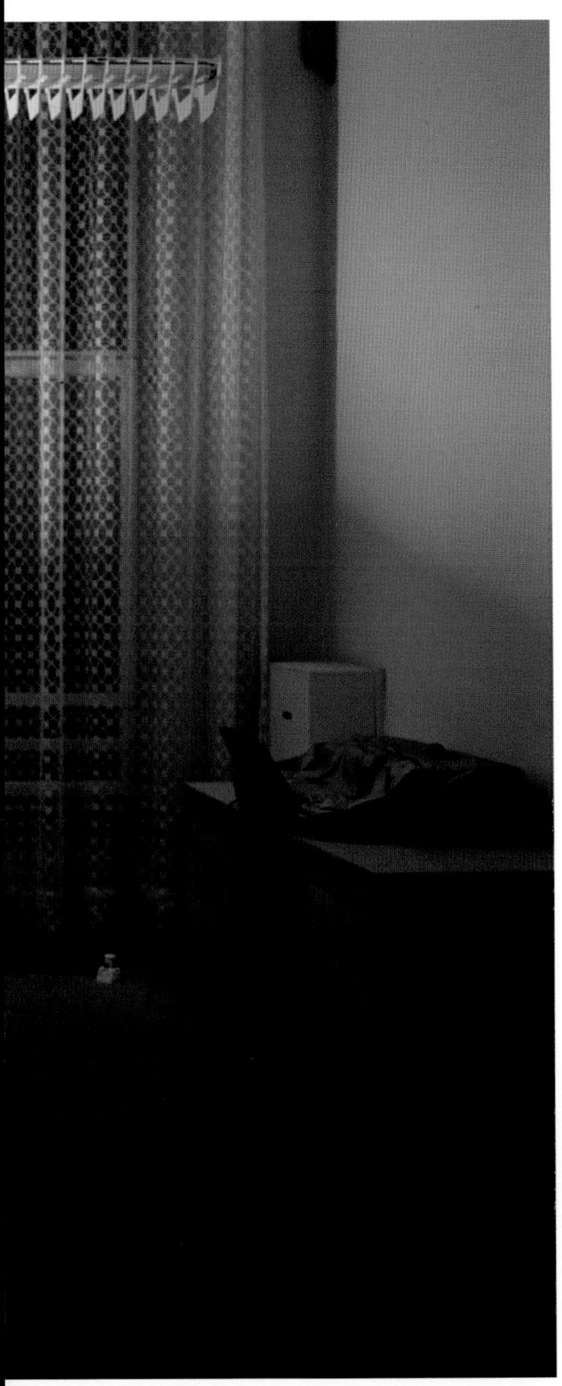

Schämt Euch!
1994, in „Künstler träumen Berlin",
Akademie der Künste (Ost), Berlin,
Stroboskop-Licht, Tonband

In den Räumen der ehemaligen Akademie
der Künste ersetzt eine Drehtür für Dunkel-
kammern die Tür zum nicht mehr genutzten
Sekretariat. Im Innern flackert ein Lichtzer-
hacker und transformiert den Raum in eine
Zeitschleuse. Zur filmischen Inszenierung
von SPRELACART-Tischen, MALIMO-
Vorhängen und der DDR-typischen Telefon-
anlage hört man ein Wimmern vom Tonband
hinterm Schreibtisch.

Schämt Euch! (Shame on you!) 1994,
in "Künstler träumen Berlin" (artists dream
up Berlin), Akademie der Künste (Ost),
Berlin, stroboscope-light, tape recording

*In the rooms of the former academy of arts,
the door to the disused secretariat is substituted
by a revolving door for darkrooms. Within, a
strobe flickers and transforms the room into a
time-lock. To the filmic set up of SPRELACART-
tables, MALIMO-curtains and the typical
GDR telephone system a whining noise is
heard from the tape machine behind the desk.*

Nullserie abgebrochen

1995, in „Alles Gute", Museum der Bildenden
Künste, Leipzig, verschiedene Materialien

Der Besucher wird mit einer unübersehbar
großen Abwesenheitsnotiz begrüßt: *Lieber
Museumsdirektor, lieber Kunstpreisstifter, leider
mußte ich den Ausstellungsaufbau aufgrund
von mißlichen Umständen abbrechen: erst
fingen in einem Raum die Neonröhren an zu
flackern, dann kamen im Radio ständig diese
Meldungen und als ich etwas zum Kehren
suchte, fand ich nur einen Besen mit so komi-
schen Lampen dran. Ihr K.* Das alles findet
man dann auch vor. Die flackernden Neonröhren, einen Besen umwickelt mit einer
Lichterkette. Der Nachrichtensprecher im
Radio verliest wieder und wieder 30 Gedichte
von Durs Grünbein, die Unfälle mit tödlichem
Ausgang beschreiben.

Nullserie abgebrochen, (zero series abandoned)
1995, in "Alles Gute" (all the best), Museum der
Bildenden Künste, Leipzig, various materials

*The visitor is greeted by a highly visible out
of office note:* Dear museum director, dear
benefactor of an art prize, unfortunately I had
to abandon the installation of the exhibition
owing to awkward circumstances: to begin
with, the neon lights started to flicker, then
the radio permanently issued these news and
when I looked for something to brush with,
I only found a broom with funny lights on it.
Yours, K. *Everything mentioned is to be found
in the room: the flickering neon tubes, a broom
wrapped in a chain of lights. The news reader
on the radio endlessly reads 30 poems by Durs
Grünbein which all describe fatal accidents.*

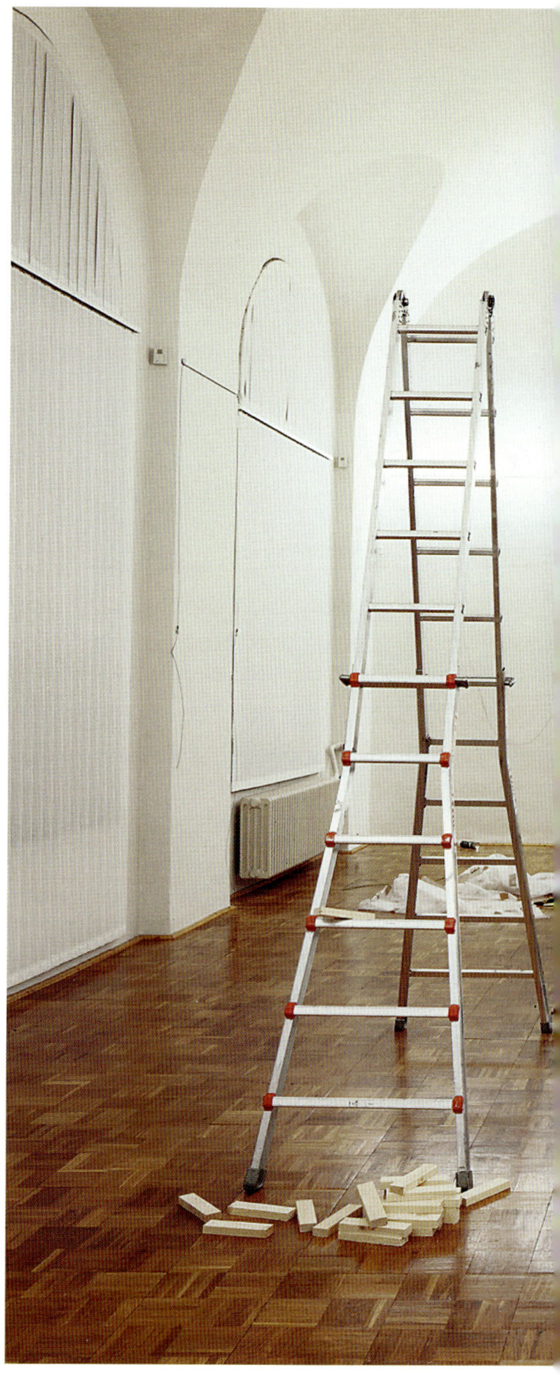

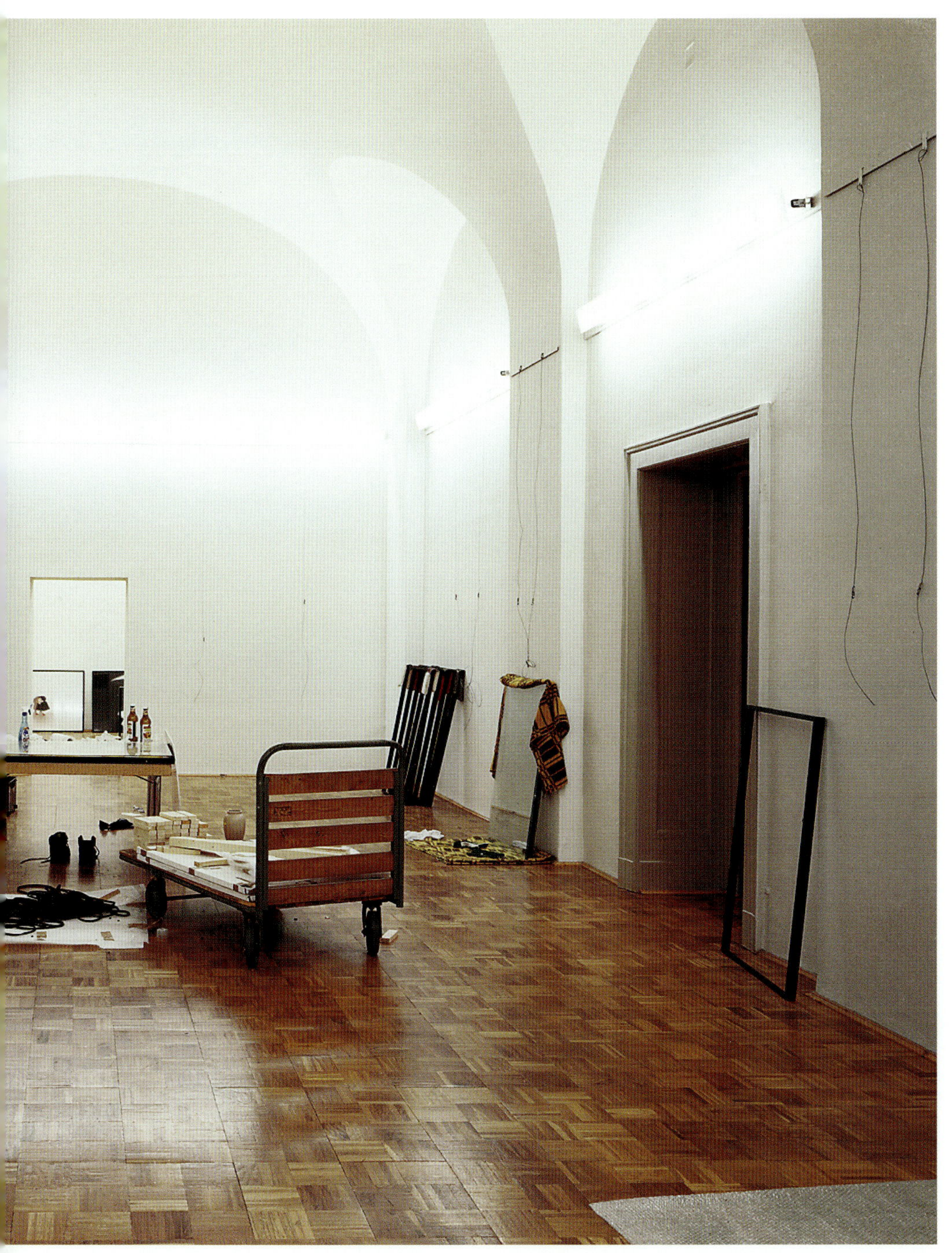

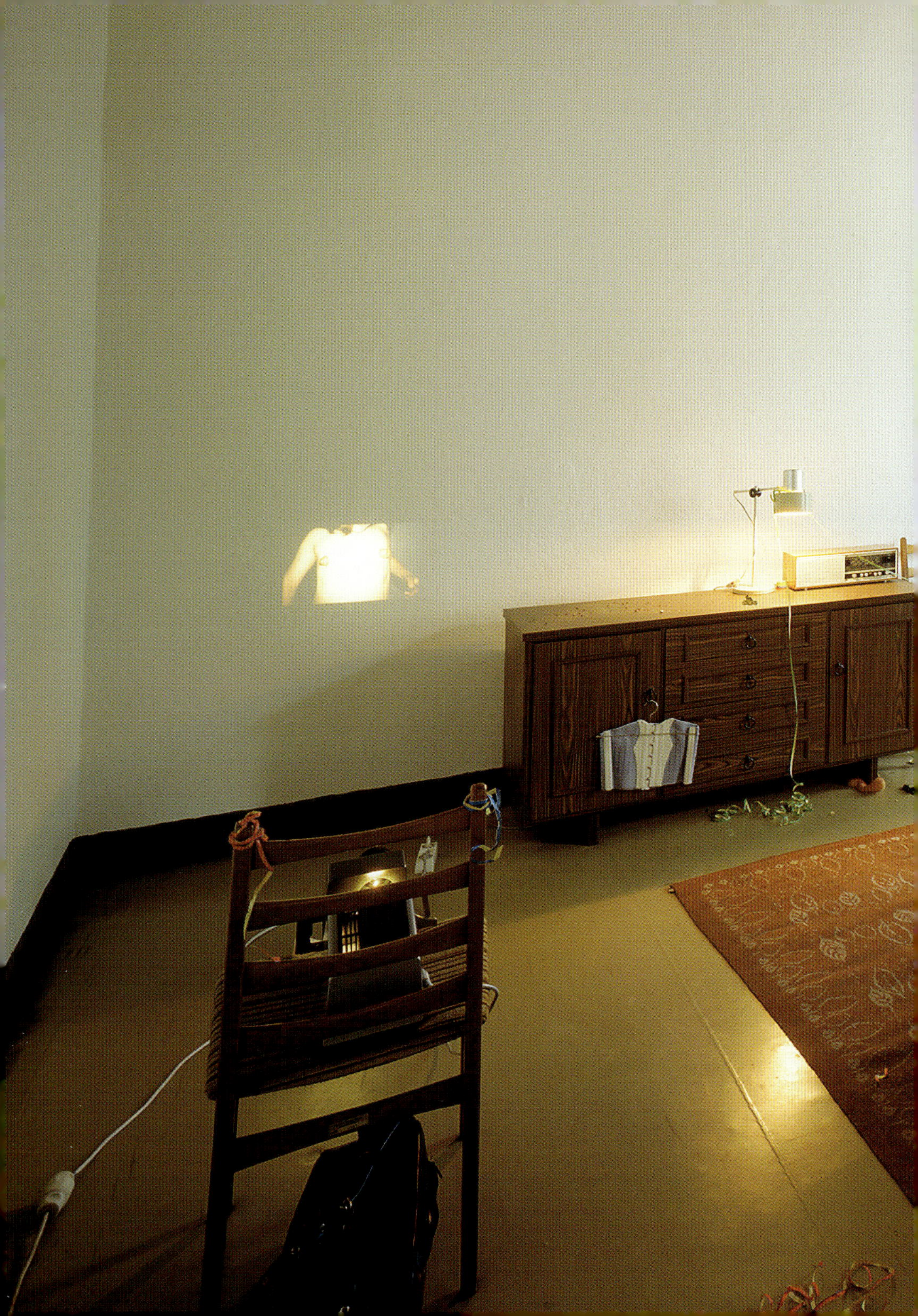

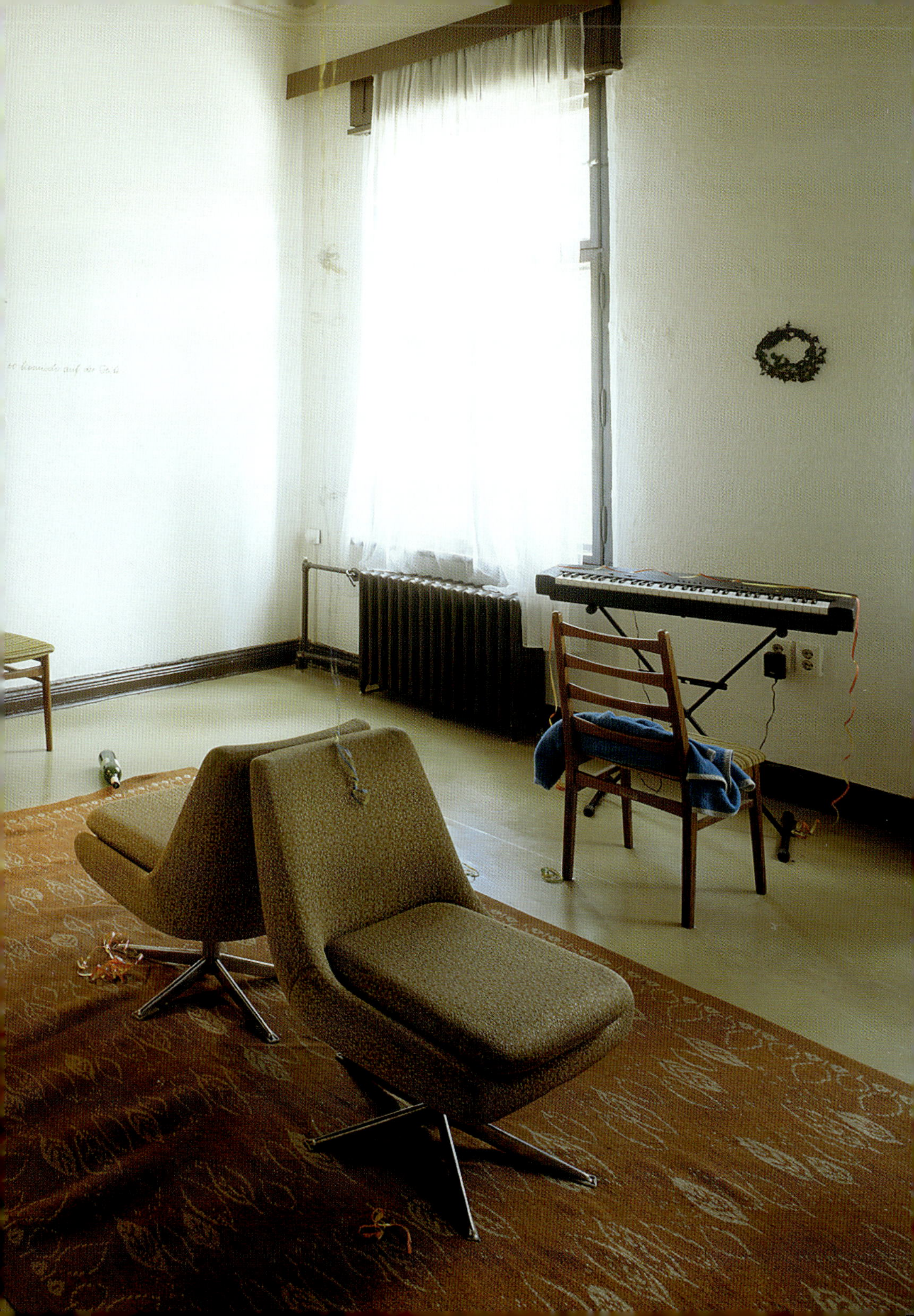

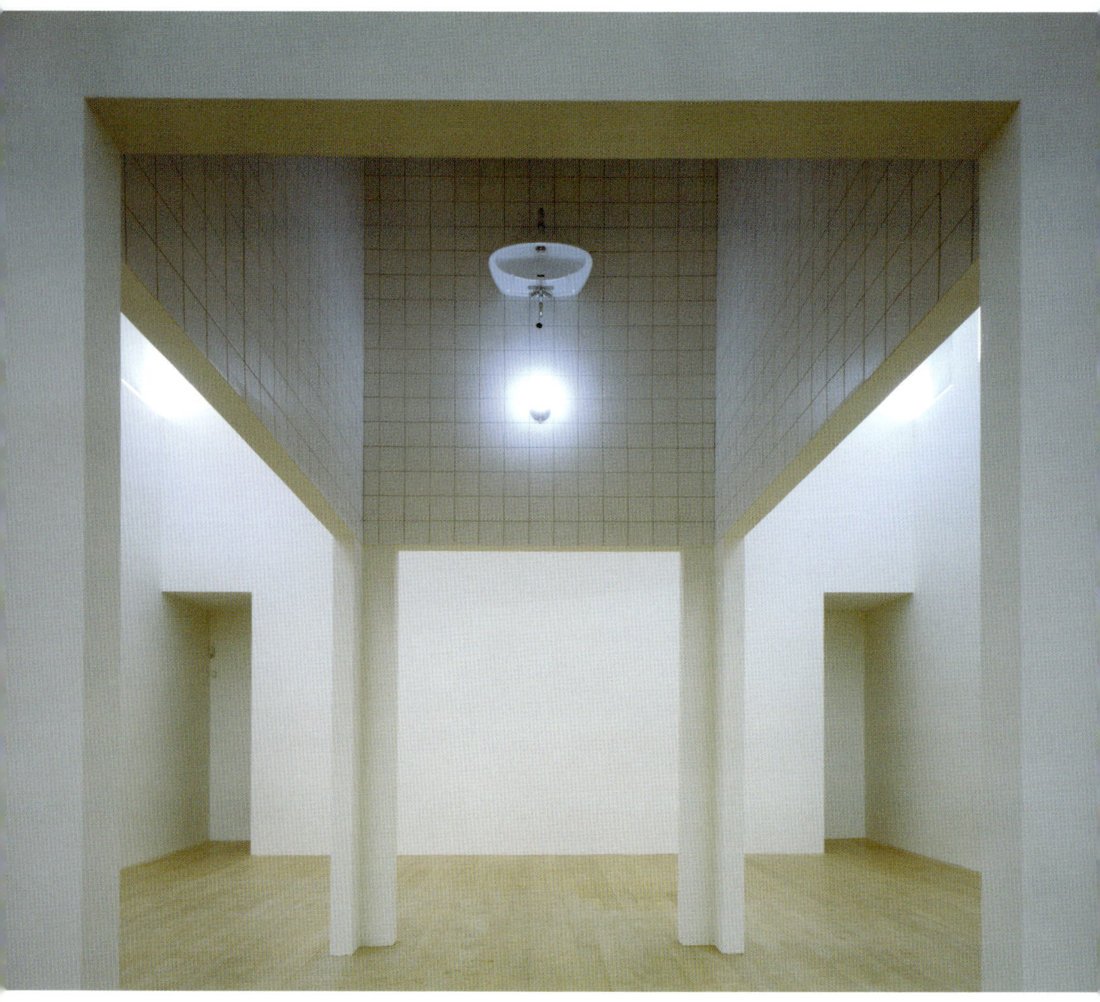

Die letzte Stuhlpolonaise (S. 42–43)
1997, in „Zur Rache", Museum Junger Kunst,
Frankfurt an der Oder, verschiedene
Materialien

Das Museum wird an dieser Stelle der
Ausstellung wieder in den ursprünglichen
Zustand der Stadtvilla zurückversetzt. Der
Galerieraum wird zum Wohnzimmer und
damit zum Ort einer sich in der Wieder-
holungsschleife befindlichen Familienfeier.
Die Abwesenheit der Akteure wird durch
einen ruckartig rotierenden sechsarmigen
Deckenleuchter und dem sich ebenfalls in
der Schleife befindlichen Demo-Lied eines
Elektropianos ausgeglichen. In dieser Tristesse
möchte man die vermeintlichen Partygäste
auch wirklich nicht kennen lernen.

*Die letzte Stuhlpolonaise, (the musical chair
polonaise) 1997, in "Zur Rache" (To revenge),
Museum Junger Kunst, Frankfurt an der Oder,
various materials*

*At this stage of the exhibition the museum is
transformed back into its original state as a
townhouse. The gallery space becomes a living
room and so becomes a site in the looped
family feast. The absence of the agents
is compensated by an abruptly rotating
six-armed chandelier as well as the equally
looped demo song of an electric piano.
In this kind of tristesse, you certainly do not
want to meet the party guests, if there are any.*

Bad (Dem Reinen ist alles rein) (S. 44)
2000, in „Angeborener Farbraum", Kestner-
Gesellschaft, Hannover

Ein gewaltiger Baldachin, getragen von Eck-
pfeilern in der Mitte des Museumsraumes,
erweist sich bei näherem Hinsehen als ein
umgestülptes, an der Decke klebendes Badezimmer. Unbenutzbar wie auch die ausgeleg-
ten Handtücher. Das Dröhnen eines Basston-
Verstärkers versetzt das Badezimmer in
Schwingungen. Der tiefe Ton erinnert an ferne
Flugzeuggeschwader, blechernes Klappern
kommt von Heizkörperabdeckungen am
Ende des Raumes.

*Bad (Dem Reinen ist alles rein), (Bath; to the
pure everything is pure) 2000, in "Angeborener
Farbraum" (innate colour-space), Kestner-
Gesellschaft, Hanover*

*A giant canopy supported by columns on
each corner is situated in the middle of the
museum space. On closer inspection, it turns
out to be a bathroom turned upside down
and stuck to the ceiling. Impossible to use just
like the towels provided. The droning of
a bass amplifier sets the bathroom vibrating.
The deep tone recalls a squadron of fighter
aircrafts, tinny rattle comes from the radiator
covers at the end of the room.*

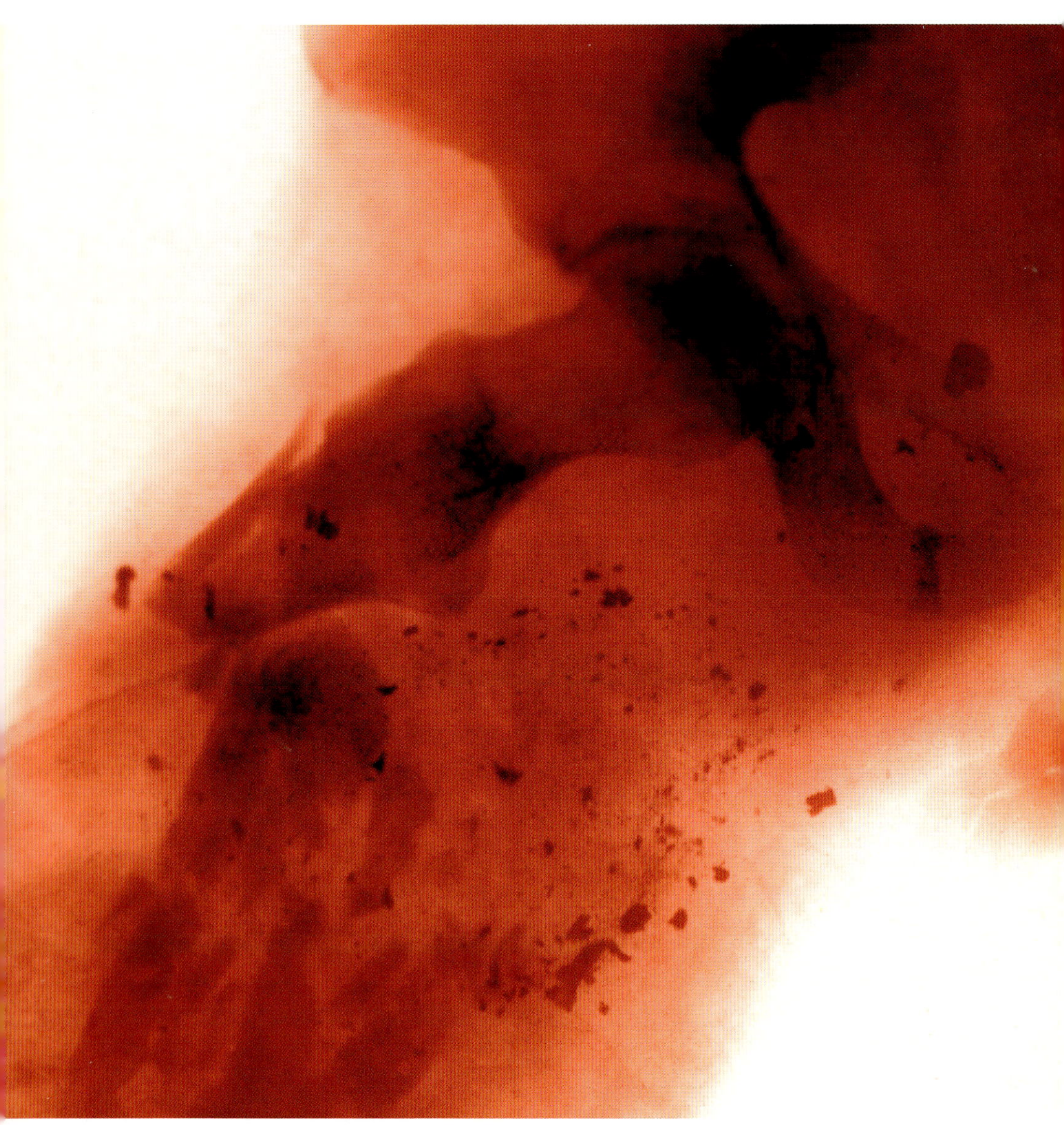

Kawumm/Dröhnen
1997/98, Piezo-Pigmentdruck, 8-teilig,
je 60 × 60 cm

Die Lautsprache für eine Explosion in Comic-
Zeichnungen ist der Titel einer überarbeiteten
Serie von Röntgenaufnahmen aus dem
„Röntgenatlas der Kriegsverletzungen 1914–16",
die für die Ausstellung „Fliegen ohne Kopf"
1997 in der Galerie Karin Sachs entstanden.
Später werden den zerschossenen Knochen
deutscher Soldaten Bilder zerbombter fran-
zösischer Landschaften aus dem Buch von
Ernst Jünger „Antlitz des Weltkrieges" gegen-
übergestellt. In dieser Konstellation werden
sie zum ersten Mal in der Einzelausstellung
„Angeborener Farbraum" in der Kestner-
Gesellschaft im Jahr 2000 gezeigt.

Kawumm/Dröhnen, (kablooey/droning)
1997/98, Piezo-Pigment-Print, 8 pieces,
each 60 × 60 cm

The onomatopoeic language in comic strips
provides the title of a reworked series of
radiograms from "Röntgenatlas der Kriegs-
verletzungen 1914–16" (X-ray atlas of war
injuries 1914–16) which were made for the
exhibition "Fliegen ohne Kopf" (headless flies)
1997 at the gallery of Karin Sachs. Later, the
bones of German soldiers shot to pieces are
juxtaposed with pictures of bombed French
landscapes from the book by Ernst Jünger
"Antlitz des Weltkrieges" (the countenance of
the Great War). In this constellation they are
presented for the first time in the solo exhibition
"Angeborener Farbraum" (innate colour-
space) at the Kestner-Gesellschaft in 2000.

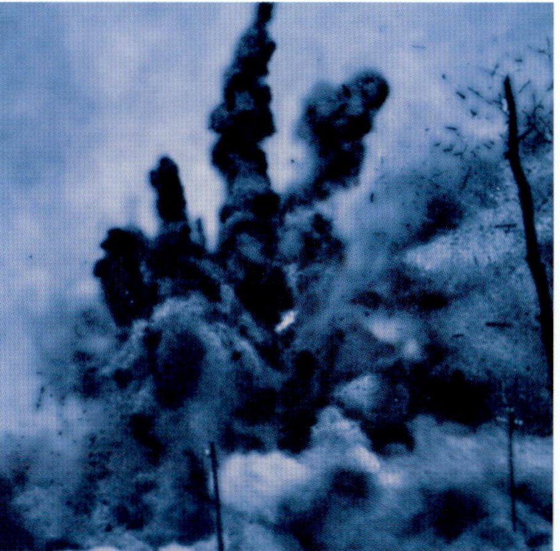

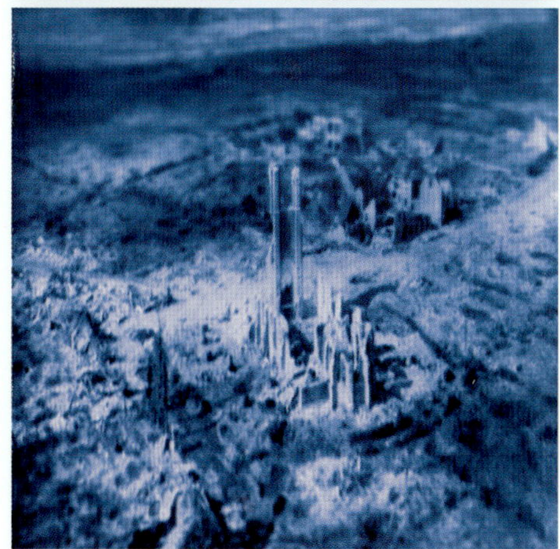

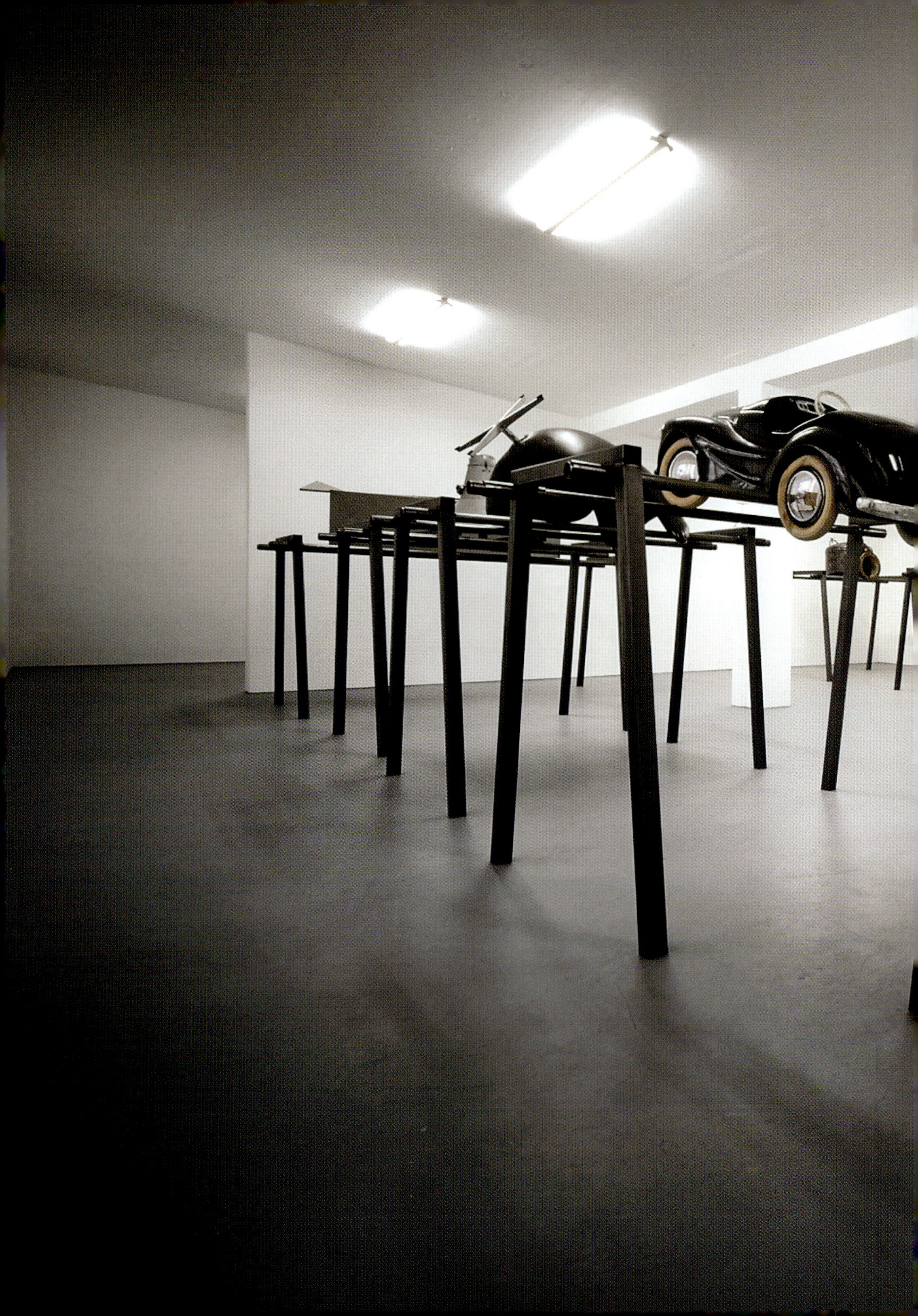

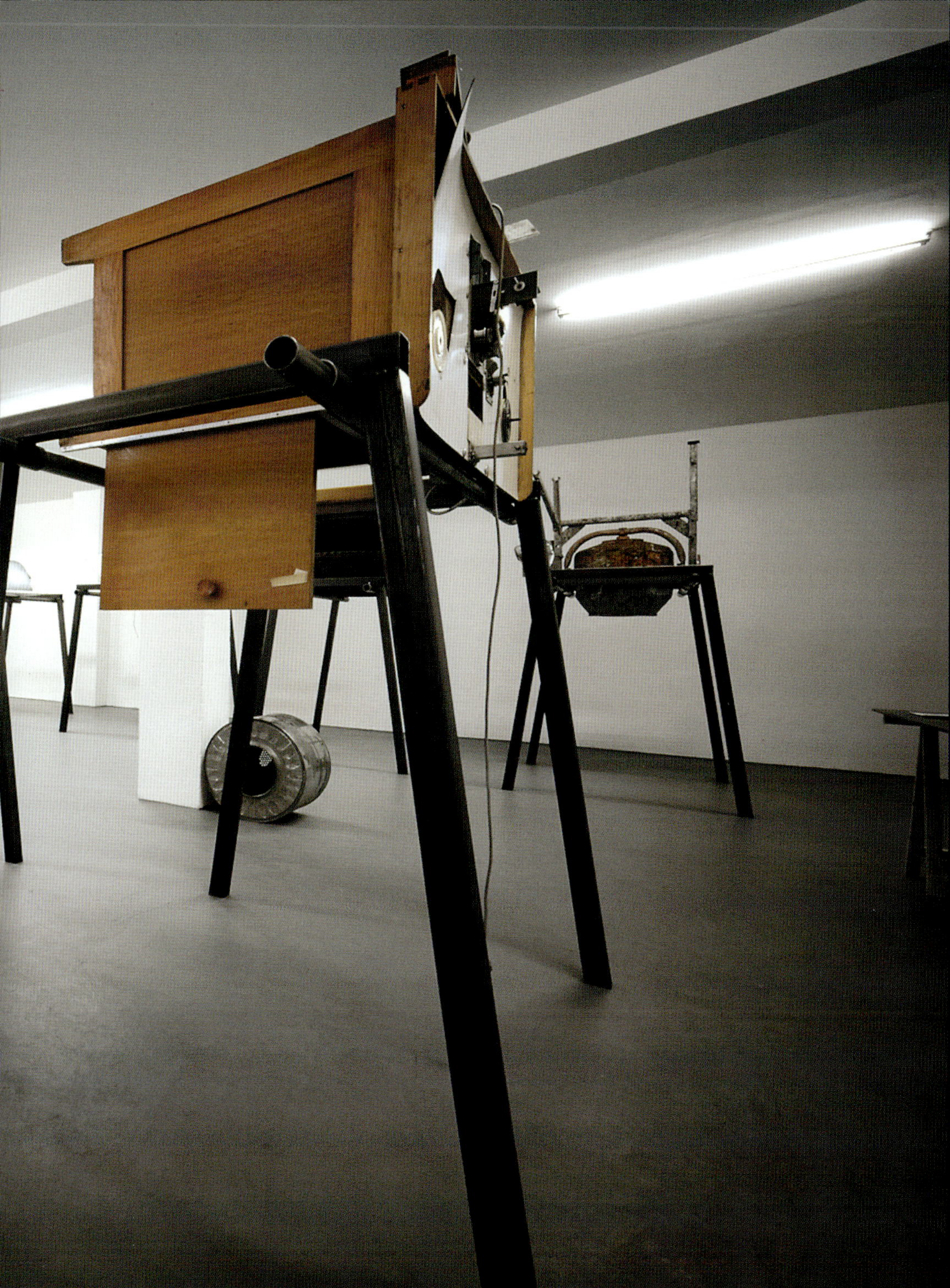

Hauben für alle (S. 48–49)
2001, Galerie Martina Detterer,
Frankfurt am Main

Das bewährte und unter die Haut gehende
Dröhnen aus der Installation *Bad (Dem Reinen
ist alles rein)* wird hier zum Testgeräusch für
die angebotene Nutzung der Schutzhauben
eingesetzt. Unter einem Filmschneidetisch,
in einem Reifenstapel oder bedeckt von einem
Zementmischer wird der Schutzgedanke ad
absurdum geführt.

Hauben für alle, (hoods for everyone) 2001,
Galerie Martina Detterer, Frankfurt am Main

*The proven and skin-deep droning from the
installation* Bad (Dem Reinen ist alles rein)
*is employed here as the test signal for the
utilisation of protective hoods on offer. Under
an editing table, in a pile of tires or covered by
a cement mixer the idea of protection is reduced
to absurdity.*

Ordnung des Verschwindens (S. 51)
2001, für „Gallery of the Missing",
Jüdisches Museum, Berlin, 3 Glasskulpturen,
3 40-Kanal-Tonanlagen

Bei diesen drei schwarzen Vitrinen kann
man nur über Ton erfahren, was man nicht
sehen kann. Wie bei einem Sendersuchlauf
eines Radios findet man an vierzig Stellen
die unterschiedlichsten Beschreibungen.
Sie lassen vor dem inneren Auge ein Bild des
Verschwundenen entstehen, das in der Vitrine
liegen könnte.

Ordnung des Verschwindens, (order of
disappearance) 2001, for "Gallery of the
Missing", Jewish Museum, Berlin, 3 glass
sculptures, 3 40-channel-sound-systems

*In the three black cabinets, you can only
experience by sound what is invisible. Just like
on a radio dial there are forty stations at
which various descriptions are to be found.
They evoke an image in the inner eye of what
has disappeared, what might lie in the cabinet.*

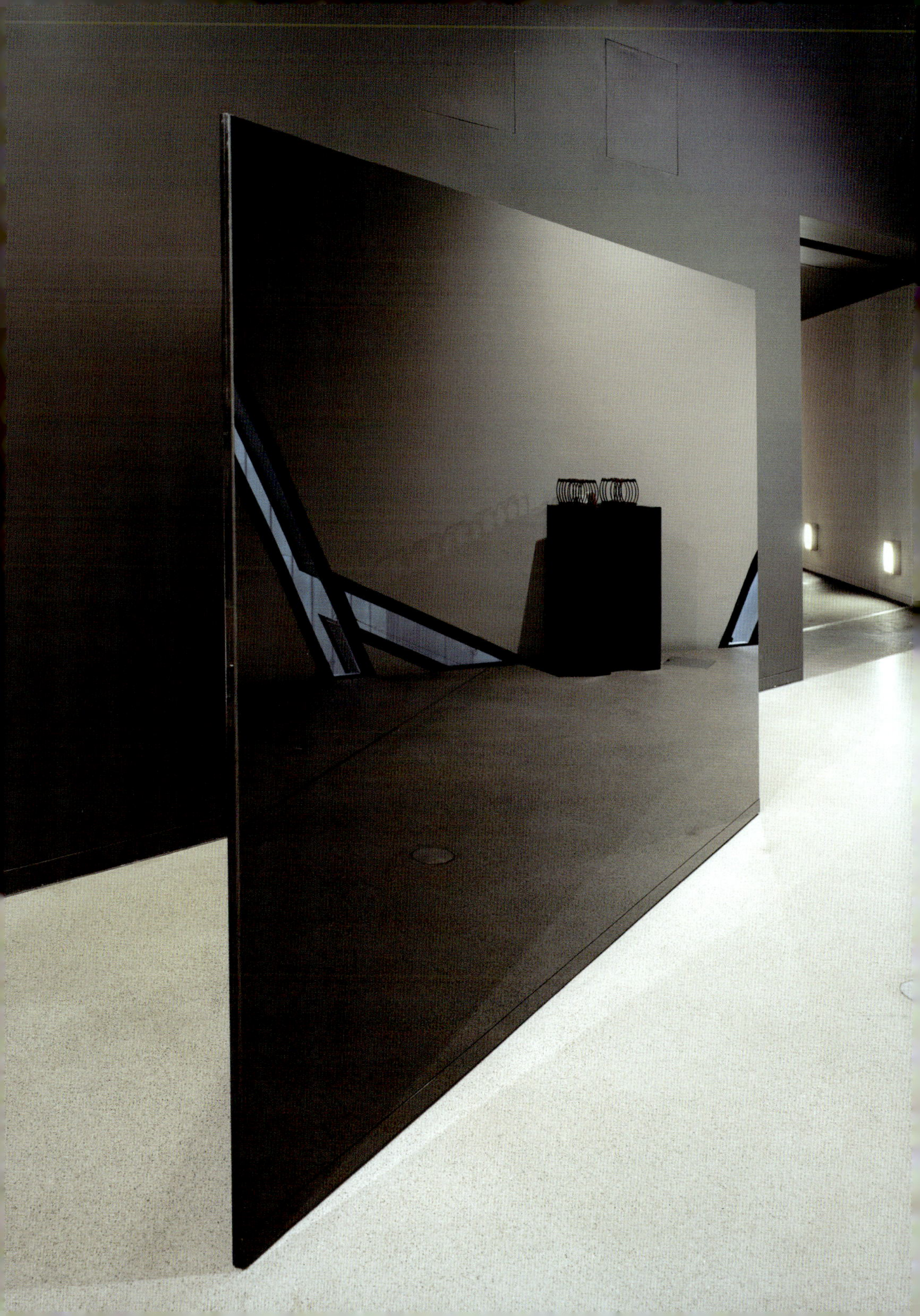

Schiefer Laufen
2001, Galerie Arndt und Partner, Berlin

Eine Surroundsound-Anlage soll das Gefühl
einer sich in die Galerie verirrten und dann
da gejagten Fliege vermitteln. Das Toben von
Jäger und Gejagten stört die andächtige Ruhe
der aus den Fugen geratenen Ausstellungs-
architektur. Am Eingang wird das Opfer bereits
als Trophäe präsentiert, die Fliege im Miniatur-
Holzsarg: *An der Heimatfront gefallen.*

Schiefer Laufen, (walking more lopsidedly)
2001, Galerie Arndt und Partner, Berlin

*A surround-sound-installation is to
communicate a sense of a fly, lost and then
hunted in a gallery. The rampage of hunters
and their prey disturbs the devout calm of
the unhinged exhibition architecture. At the
entrance, the victim is already presented
as a trophy, the fly in a miniature coffin:
An der Heimatfront gefallen (fallen on the
home front).*

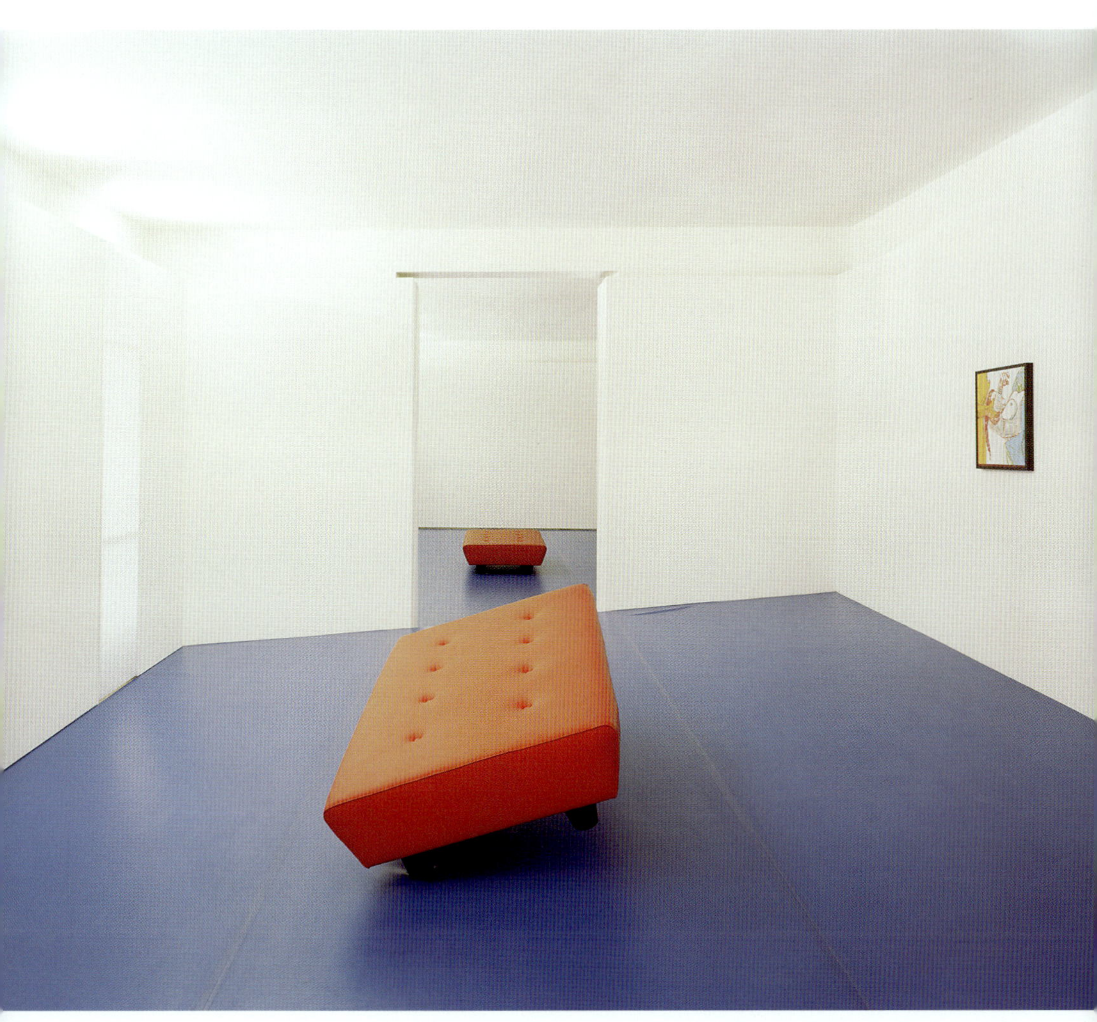

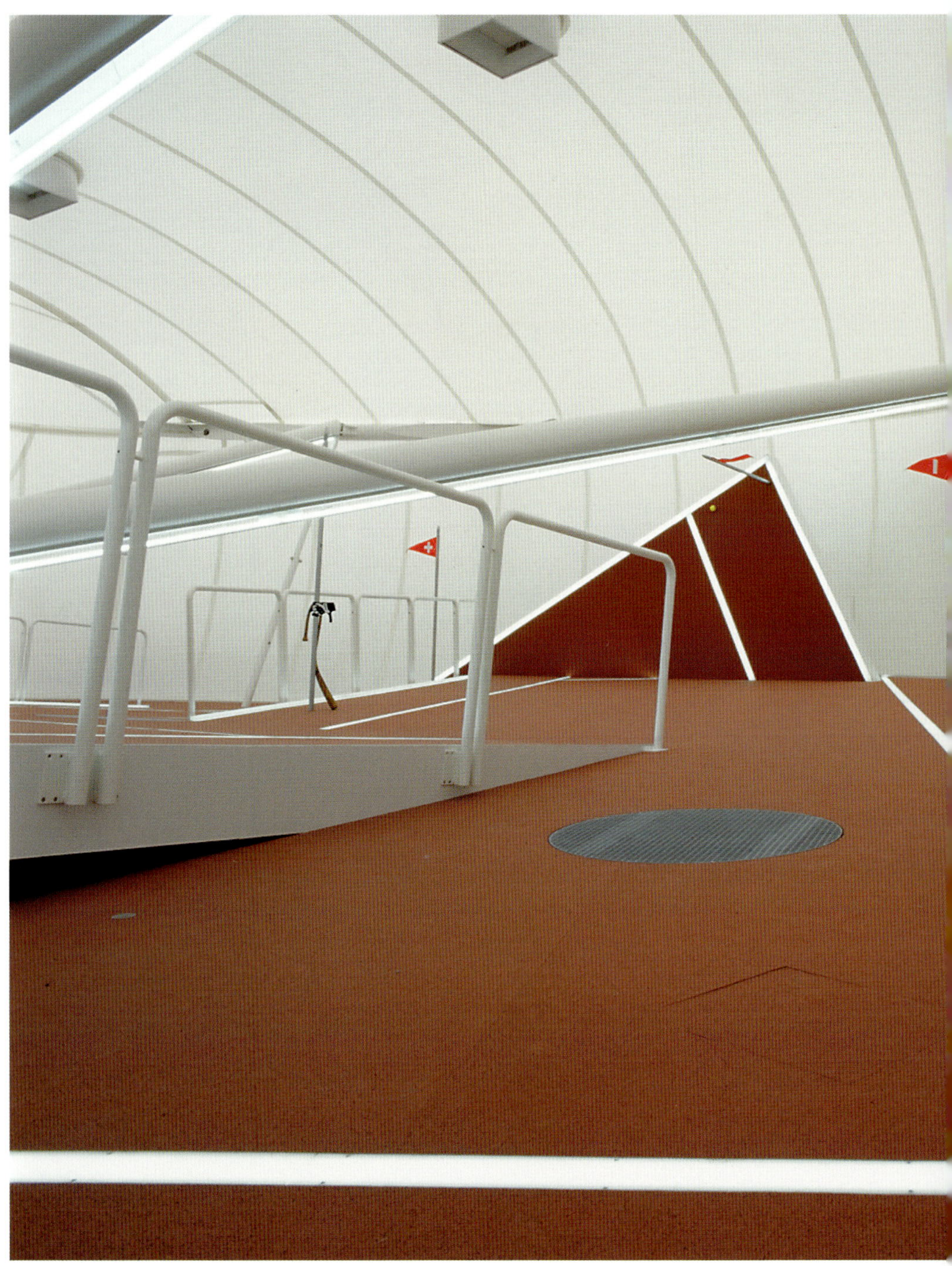

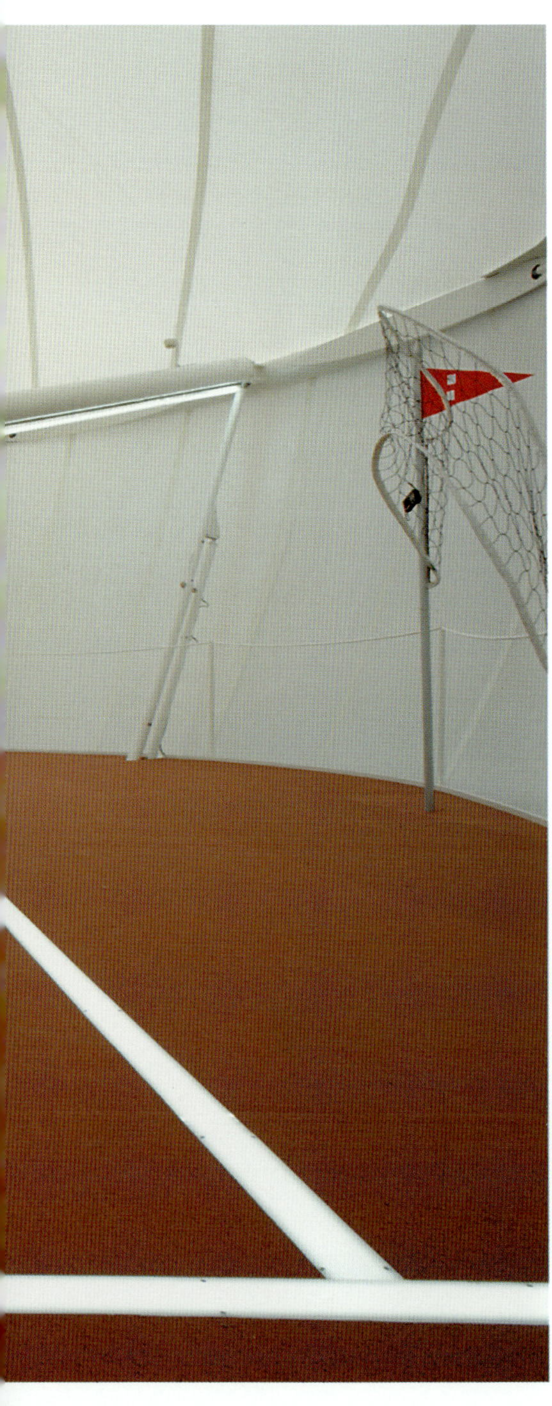

Nouvelle DestiNation (S. 54–55)
2002, für „Expo 02", Biel

Sieben ineinander verkeilte Tennisfelder
ergeben eine Tal- und Berglandschaft. Mit
einem entsprechend entwickelten Kopfhörer
kann man je nach Standort in dieser unwirk-
lichen Spielfeldwelt 17 Hörstücken lauschen,
die sich irgendwo zwischen einer Tennishalle
und der Politik abspielen. Für die Expo 02 mit
dem Züricher Architektenbüro eckert eckert
architekten ag entwickelt als Bundespavillon
zum besseren Verständnis der Zukunft der
Schweizer Politik.

Nouvelle DestiNation, (novel destination)
2002, for "Expo 02", Biel

*Seven wedged together tennis courts form
a landscape of valleys and hills. With a
custom-made set of earphones one may listen,
depending on the vantage point in this unreal
world of pitches, to 17 pieces which take place
somewhere between a tennis hall and politics.
Developed for the Expo 02 in collaboration with
the Zurich based eckert eckert architekten ag
as a federal pavilion for the improved
understanding of the future of Swiss politics.*

Auf verlorenem Boden (S. 57)
2004, für „Götzen – Ich und die Anderen",
Internationales Kunstprojekt, Slubice

In einem Holzhaus hängen 17 Lampen in
einem Bündel von der Decke. Akustisch durch
ein lautes Schalterklicken untermalt, gehen sie
nacheinander aus. Das Spiel am Lichtschalter
bezieht sich auf das Verlassen eines vertrauten,
aber nicht mehr bewohnbaren Ortes: „Der
Letzte macht das Licht aus".

Auf verlorenem Boden, (on lost ground) 2004,
für "Götzen – Ich und die Anderen" (false
gods – me and the others), international art
project, Slubice

*In a wooden house, 17 lamps in a bundle
hang from the ceiling. Acoustically underlaid
with loud clicking of switches, they go out one
by one. Playing with the light switch refers to
leaving a familiar but no longer inhabitable
place: "Der Letzte macht das Licht aus" (last
one turns off the lights).*

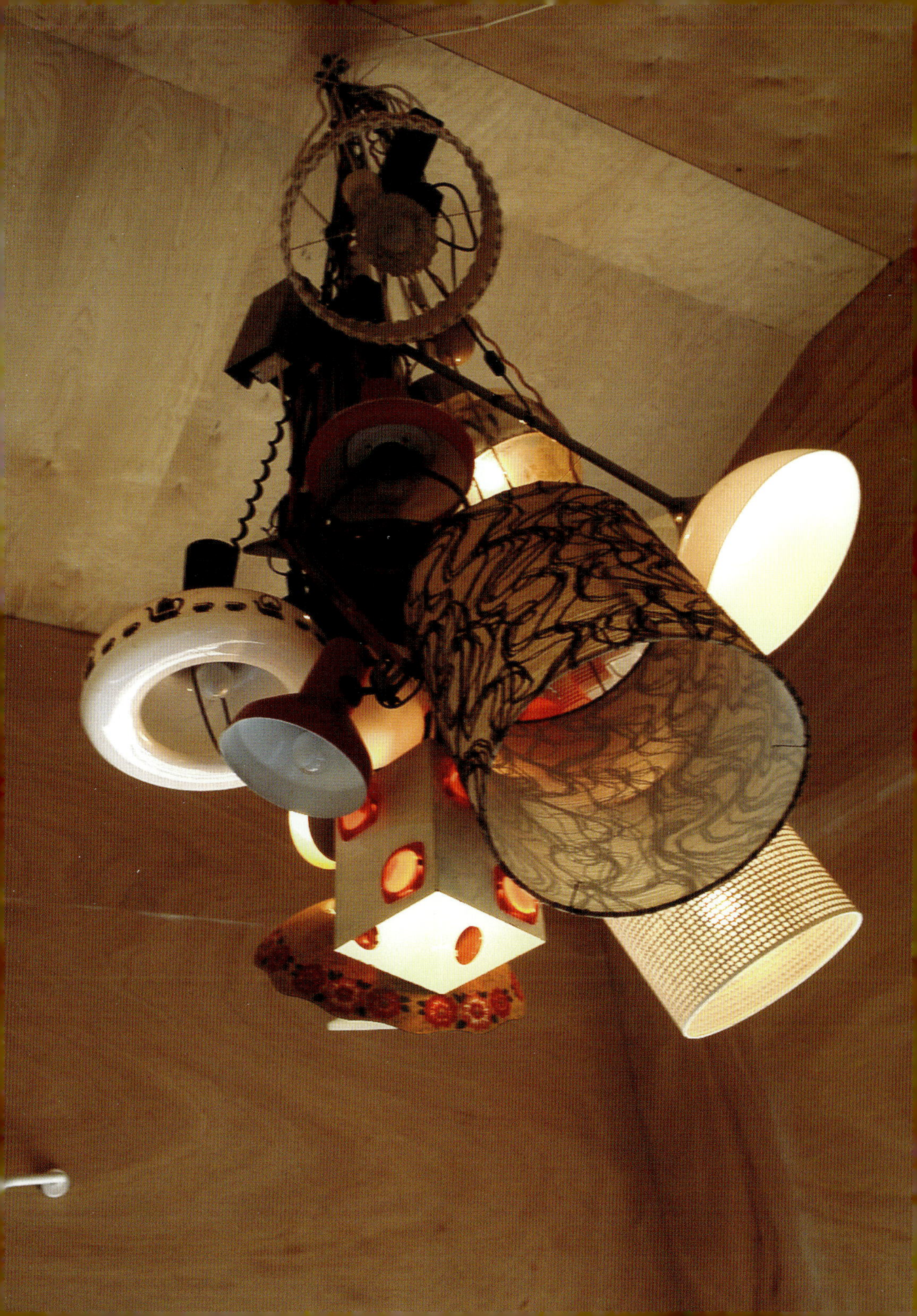

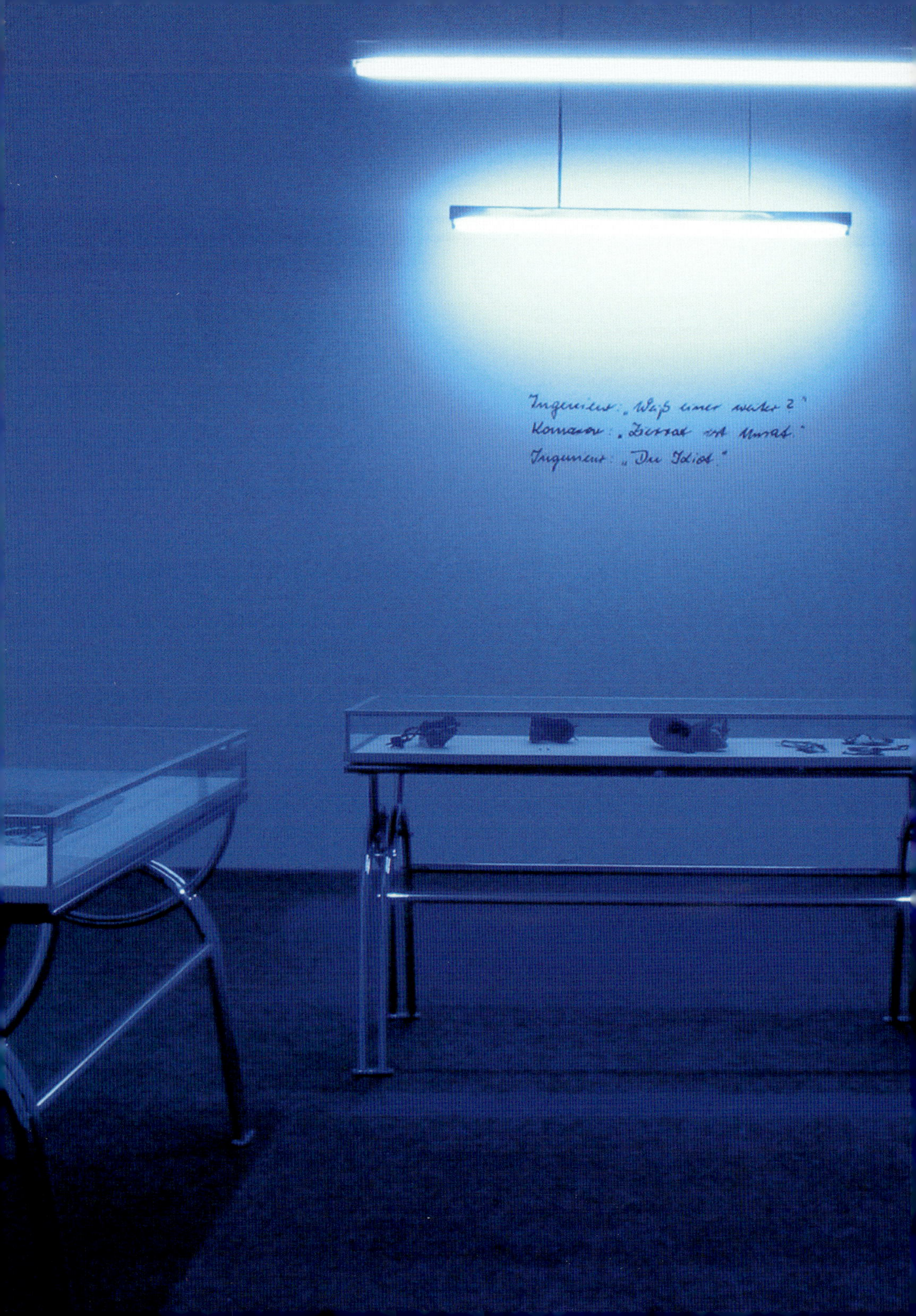
Ingenieur: „Was einer weiter?"
Kommando: „Dessau ist Unrat."
Ingenieur: „Du Idiot."

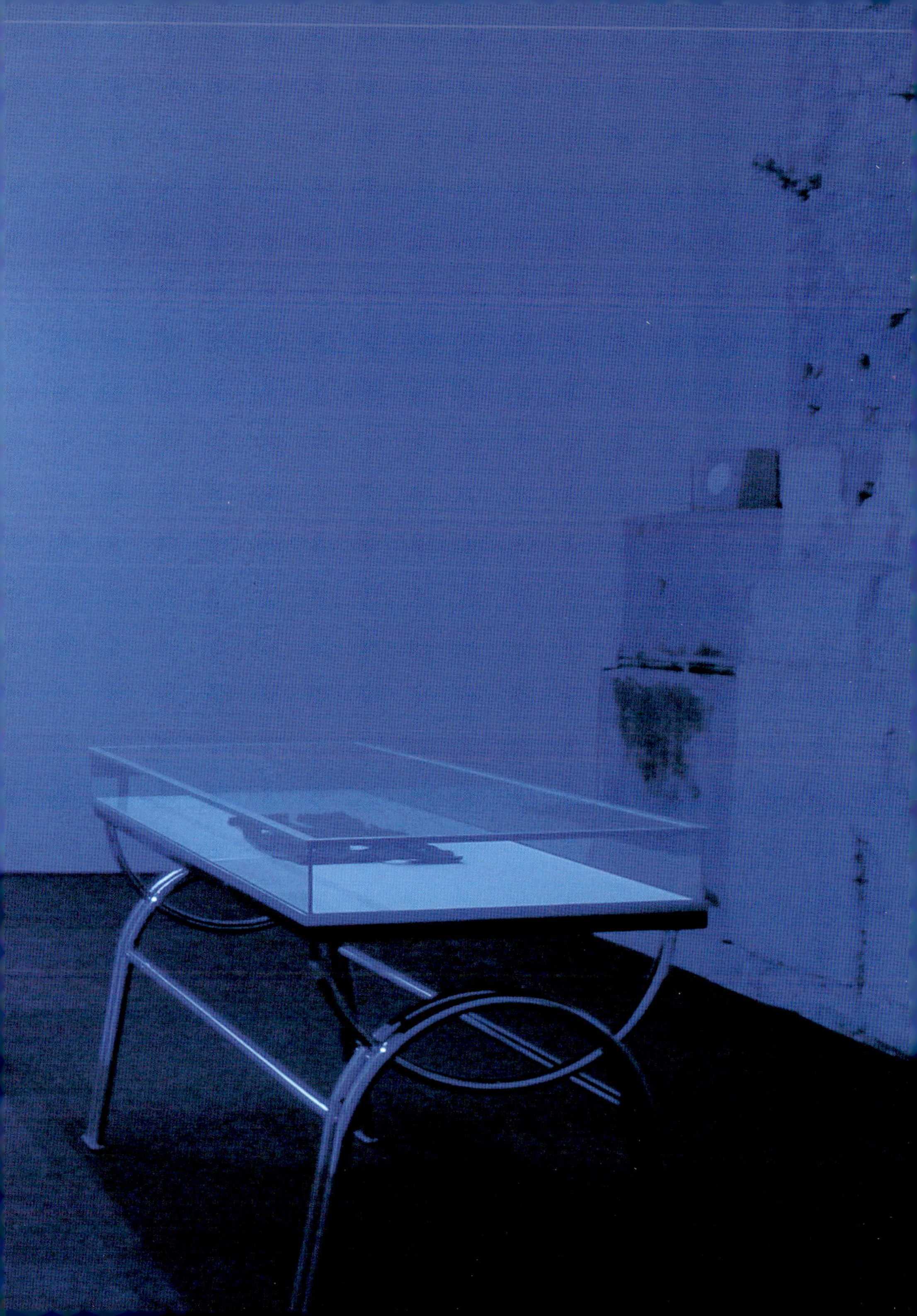

Last Call (Komarov-Gedächtnisraum)
(S. 58–59)
2005, in „Vom Verschwinden – Weltverluste
und Weltfluchten", Hartware Medien
Kunstverein, Phoenix Halle Dortmund,
verschiedene Materialien

Die letzten Sekunden des Funkverkehrs
zwischen der Bodenstation und dem Kosmo-
nauten Vladimir Mikhailovich Komarov,
bevor er bei der missglückten Notlandung
1967 in seiner Raumkapsel Sojus 1 verbrennt,
bilden den Hintergrund für die Inszenierung
vermeintlich aus der Unglückskapsel gebor-
gener persönlicher Gegenstände Komarovs.

Last Call (Komarov-Gedächtnisraum),
(Komarov-memorial space) 2005, in "Vom
Verschwinden – Weltverluste und Welt-
fluchten" (of disappearing – loss and flight
of worlds), Hartware Medien Kunstverein,
Phoenix Halle Dortmund, various materials

The last seconds of radio communication
between ground control and the cosmonaut
Vladimir Mikhailovich Komarov before he
burns to death during the failed emergency
landing of his Sojus 1 space capsule form the
background for the installation of what purport
to be Komarov's personal items recovered from
the wreck of the capsule.

Brutkasten (S. 61)
2005, in „Urbane Realitäten – Fokus Istanbul",
Martin-Gropius-Bau, Berlin, Schwarzwälder
Kuckucksuhr, MP3 Player

Muezzingesang, wahlweise zur halben und
zur vollen Stunde, ertönt aus einer Schwarzwälder Kuckucksuhr sobald ein kleines Mega-
phon an der Stelle erscheint, wo sich üblicher-
weise ein holzgeschnitzter Kuckuck befindet.

Brutkasten, (incubator) 2005, in "Urbane
Realitäten – Fokus Istanbul", Martin-Gropius-
Bau, Berlin, Black Forest cuckoo clock,
mp3 player

Muezzin call, optional at the half or the full
hour, is heard from a Black Forest cuckoo clock
as soon as a little megaphone appears in the
place where usually a cuckoo carved from
wood sits.

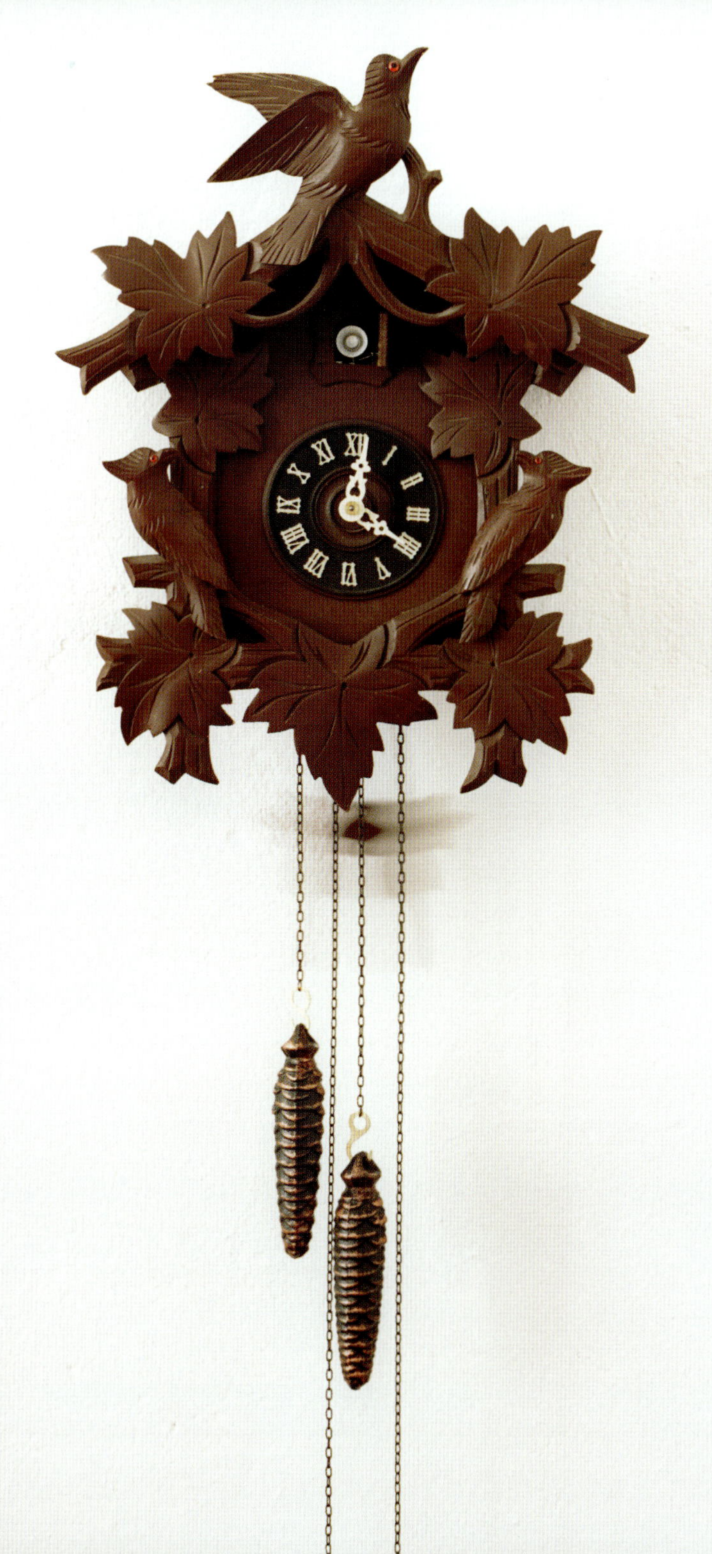

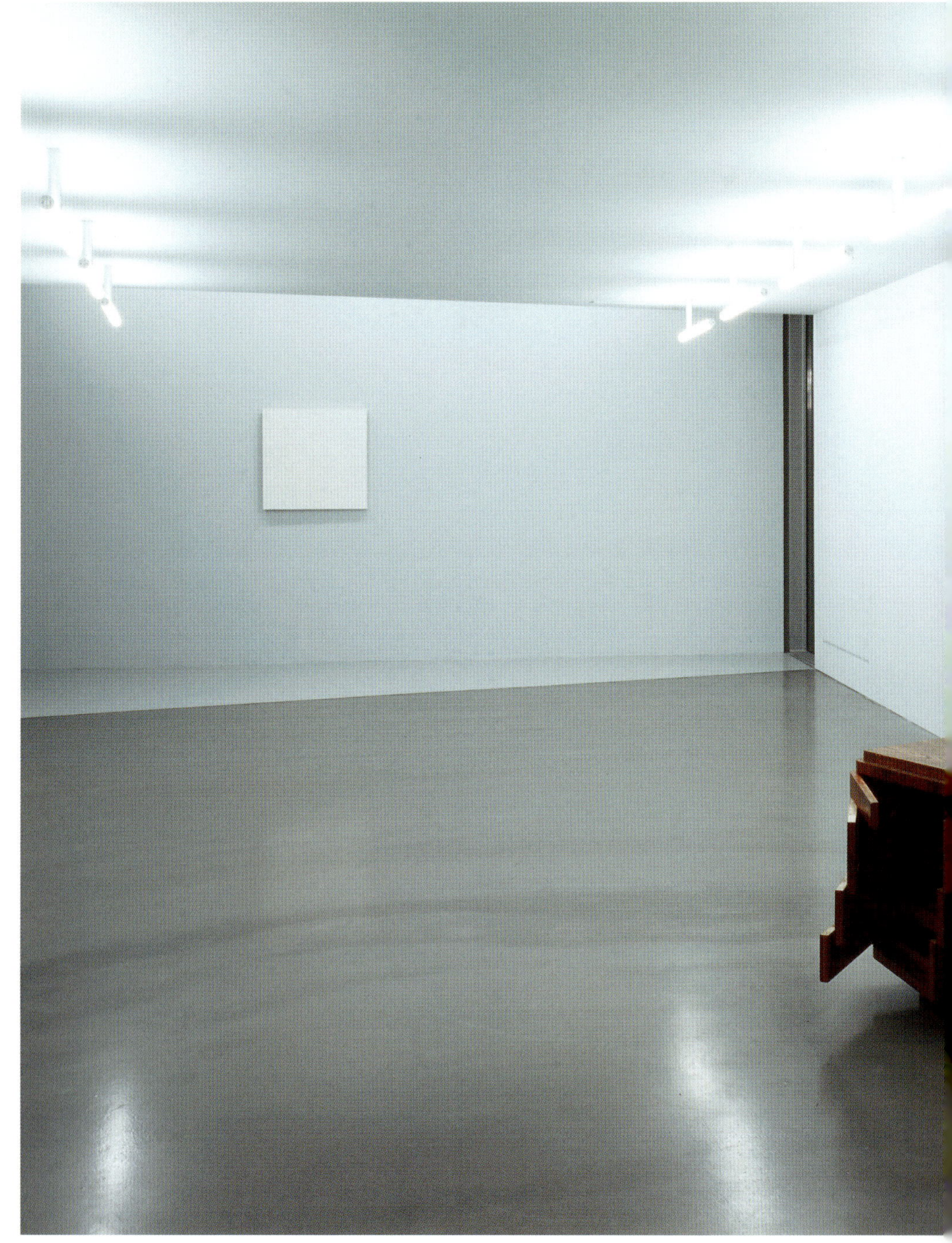

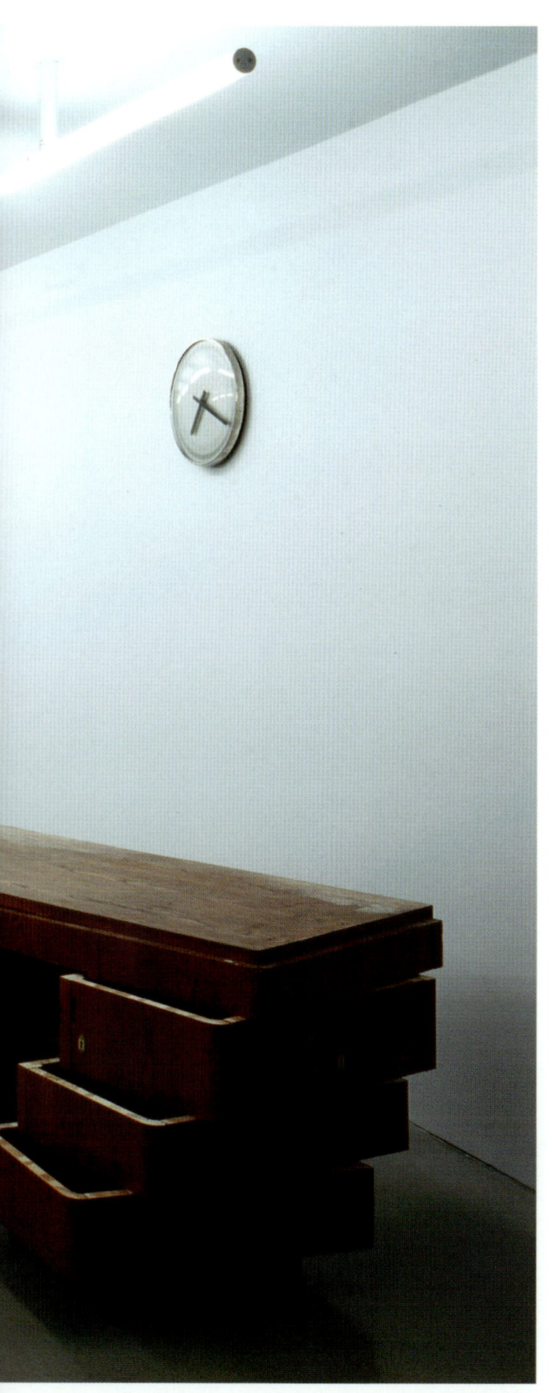

Ölschinken

2005, in „Homezone", Galerie für Zeitgenössische Kunst, Leipzig, unbemalte Leinwand, MP3-Player, Radardetektor

Nähert man sich dieser unbemalten Leinwand, wird das „Moorsoldatenlied" in der Vertonung von Hans Eisler und von Ernst Busch gesungen abgespielt.

Ölschinken, (big fat oil painting) 2005, in "Homezone", Galerie für Zeitgenössische Kunst, Leipzig, unpainted canvas, mp3-player, radar detector

If you approach this untreated canvas the song "Moorsoldaten" (Peat Bog Soldiers) arranged by Hans Eisler and sung by Ernst Busch is played.

Kosmetikraum (S. 65)
2005, für „Das Hotel", LA 05, Hall in Tirol,
Liege, Chi-Maschine, MP3-Player

Die Liege mit eingebauter Chi-Maschine als
Hörstation. Das erstmalig für die Ausstellung
„Rituale" konzipierte Objekt, gibt nur seinen
akustischen Inhalt wieder, wenn man seine
Füße in die vorgesehenen Ausformungen legt.
Der dadurch ausgelöste Mechanismus versetzt
den Benutzer in fischartige Schwingungen.

Kosmetikraum, (cosmetic room) 2005,
for "Das Hotel", LA 05, Hall in Tyrol, couch,
chi-machine, mp3-player

*A couch has a built-in chi-machine as listening
station. Originally conceived for the "Rituale"
exhibition, only the acoustic content is given
here, when feet are placed in the appropriate
footholds. The mechanism which is thus
triggered puts the user in fish-like vibrations.*

Lobby (S. 66–67)
2005, für „Das Hotel", LA 05, Hall in Tirol,
Sennheiser Audio Beamer, DMX gesteuerter
Motorkopf

In der stilisierten Hotellobby schwebt ein mit
Licht unterfluteter Teppich über dem Boden.
Dazu schwirrt eine akustische Fliege durch
den Raum.

Lobby, 2005, for "Das Hotel", LA 05, Hall in
Tyrol, Sennheiser audio beamer, DMX-driven
motor head

*In the stylised hotel lobby a carpet flooded
with light from beneath hovers over the floor.
In addition, an acoustic fly buzzes through
the room.*

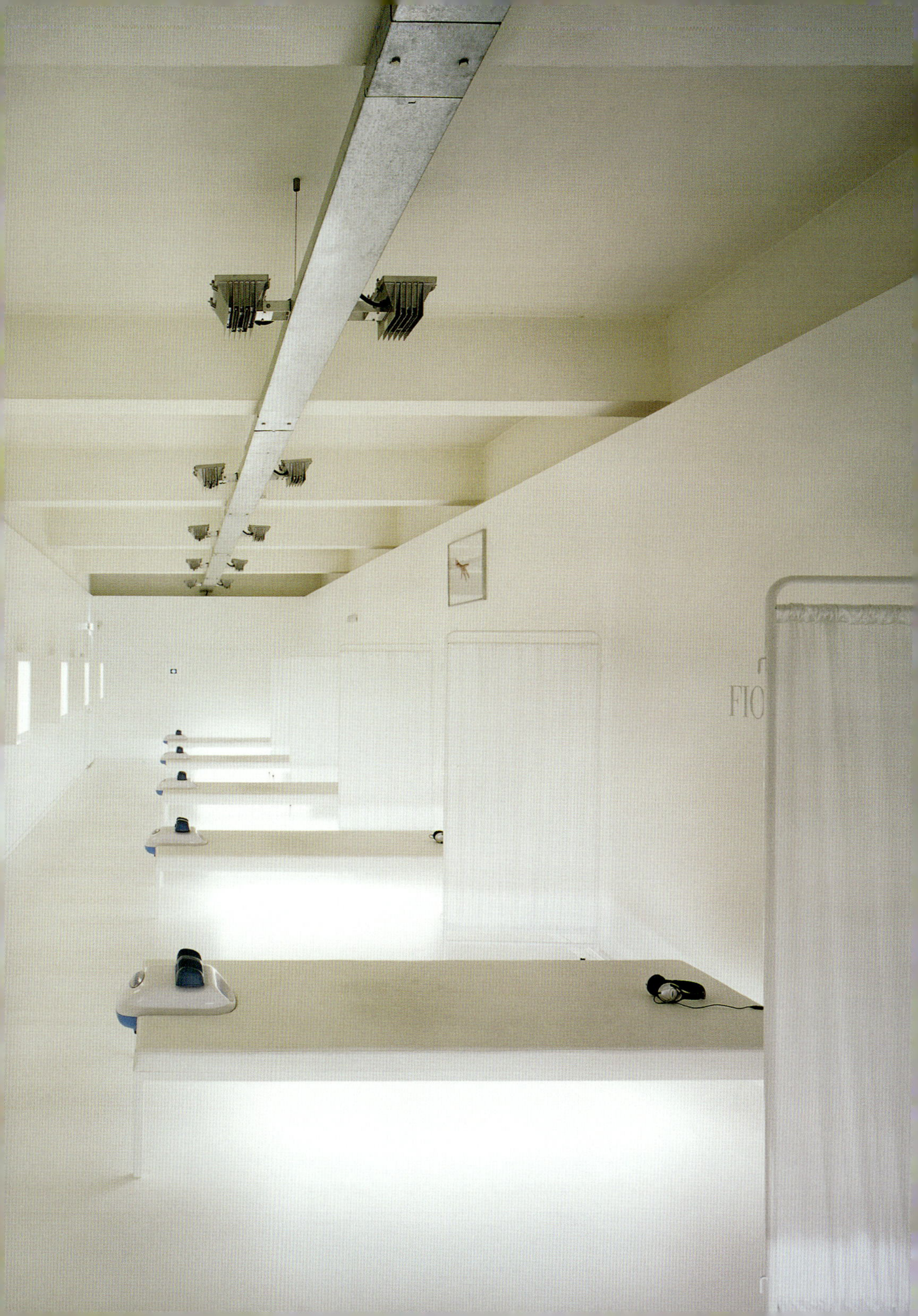
FIO

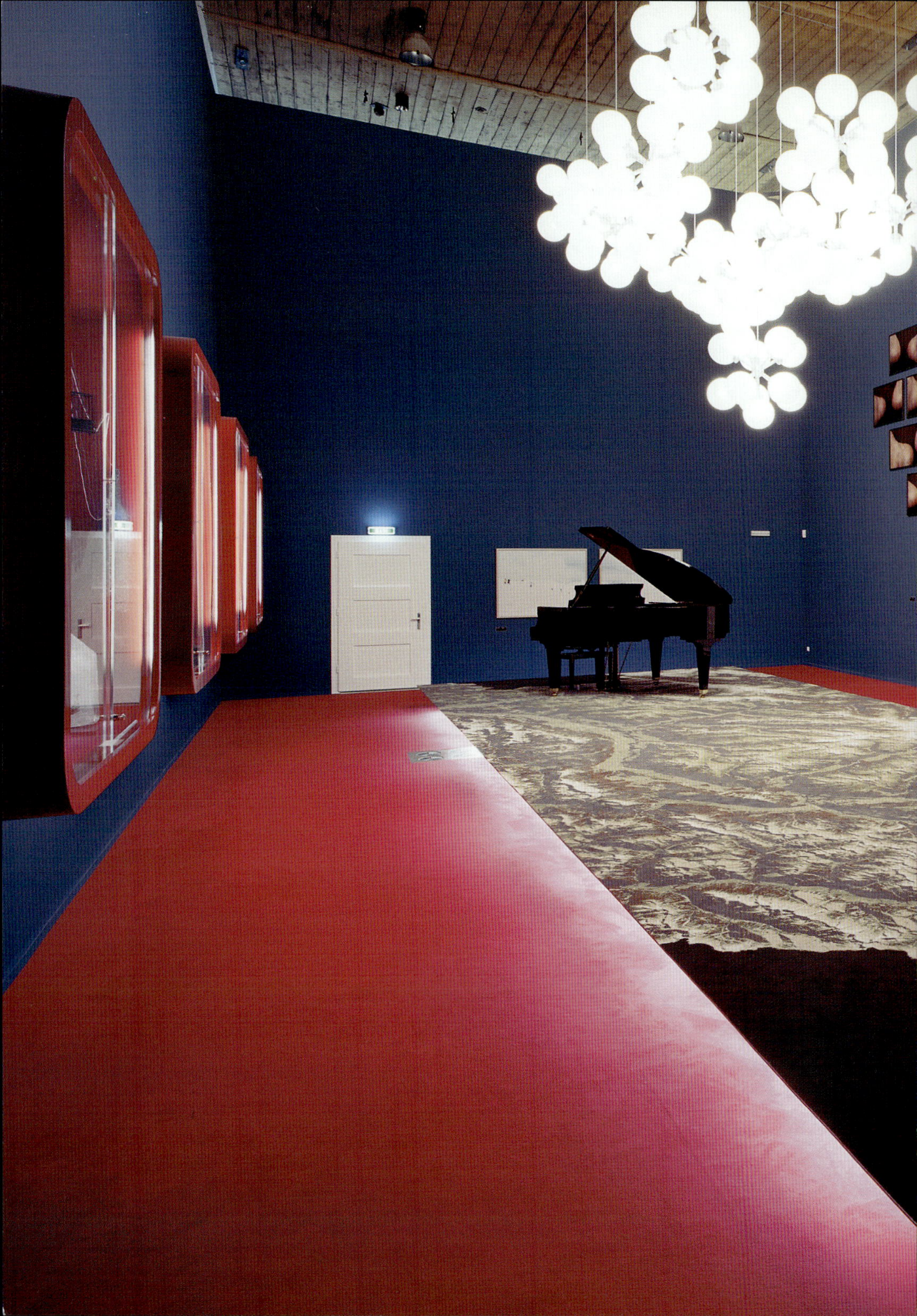

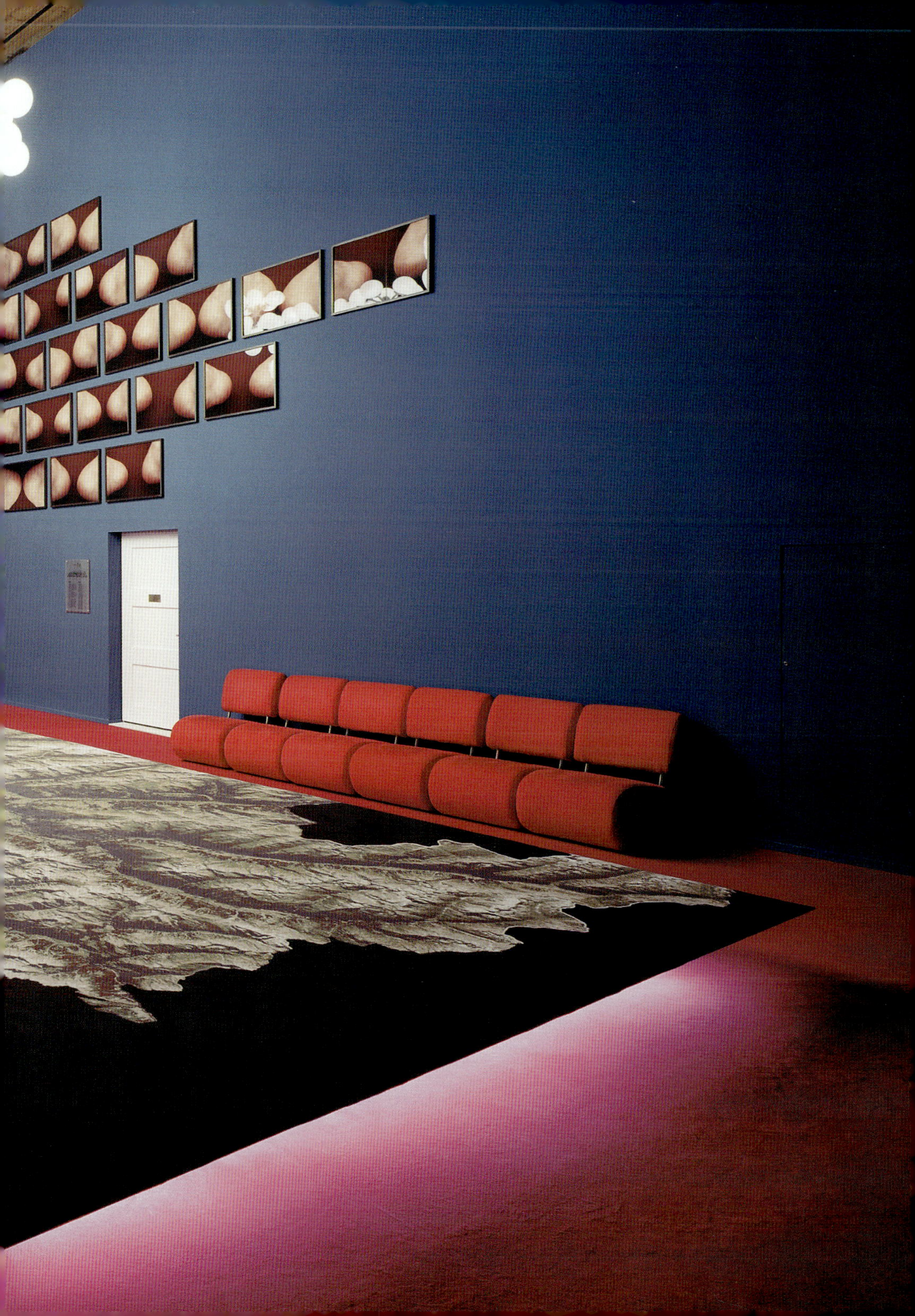

Korridor
2005, für „Das Hotel", LA 05, Hall in Tirol,
48-Kanal-Tonanlage

Die in drei unterschiedlichen Höhen ange-
brachten 48 Lautsprecher simulieren durch
den 77 Meter langen Korridor galoppierende
Pferde, umfallende Urwaldbäume oder
Warnrufe zentralafrikanischer Meerkatzen.

Korridor, (passage) 2005, for "Das Hotel",
LA 05, Hall in Tyrol, 48-channel-sound-system

48 loudspeakers are placed at different heights.
They simulate horses galloping through the 77
meter passage as well as falling trees in a rain
forest an the warning cries of central African
guenons.

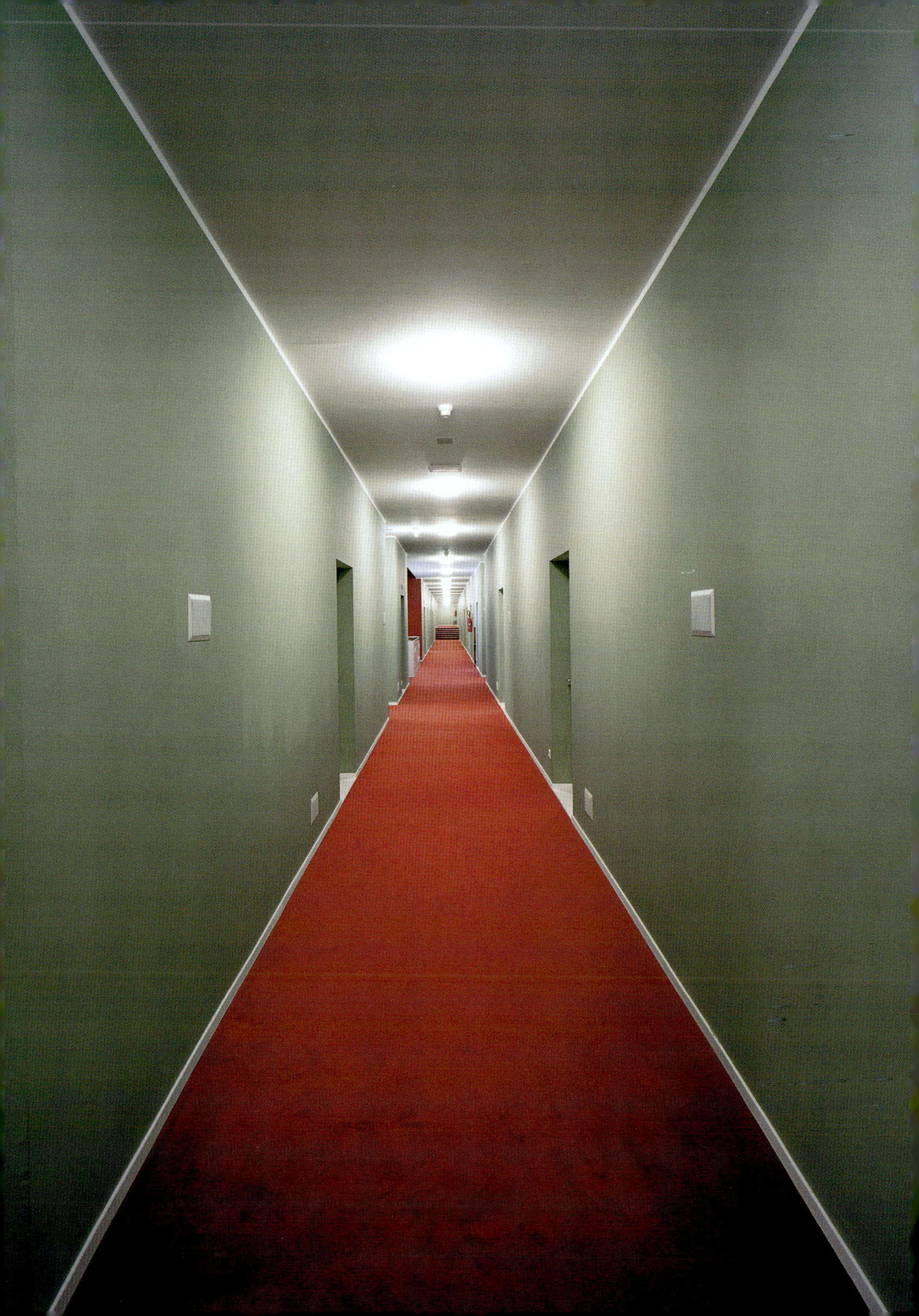

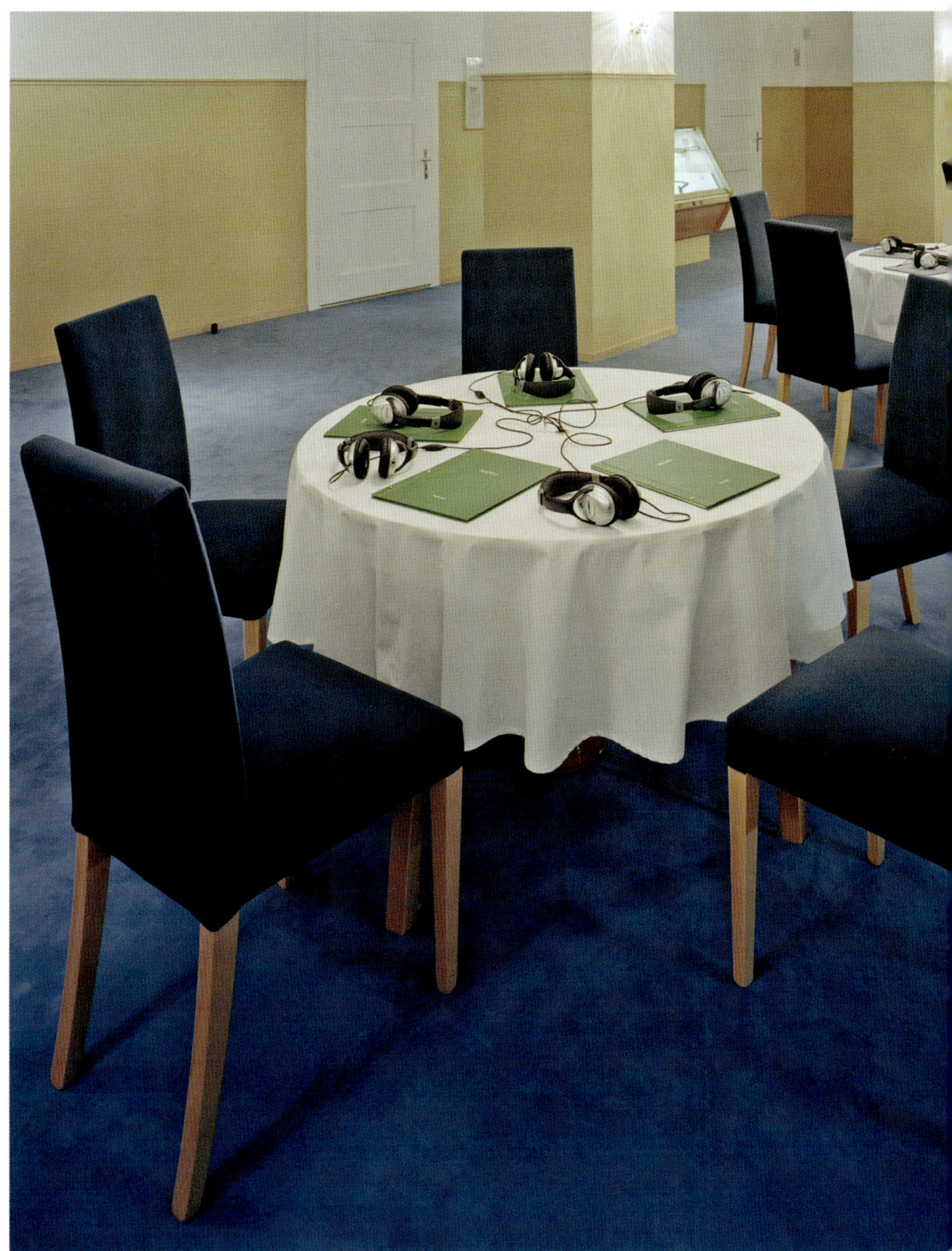

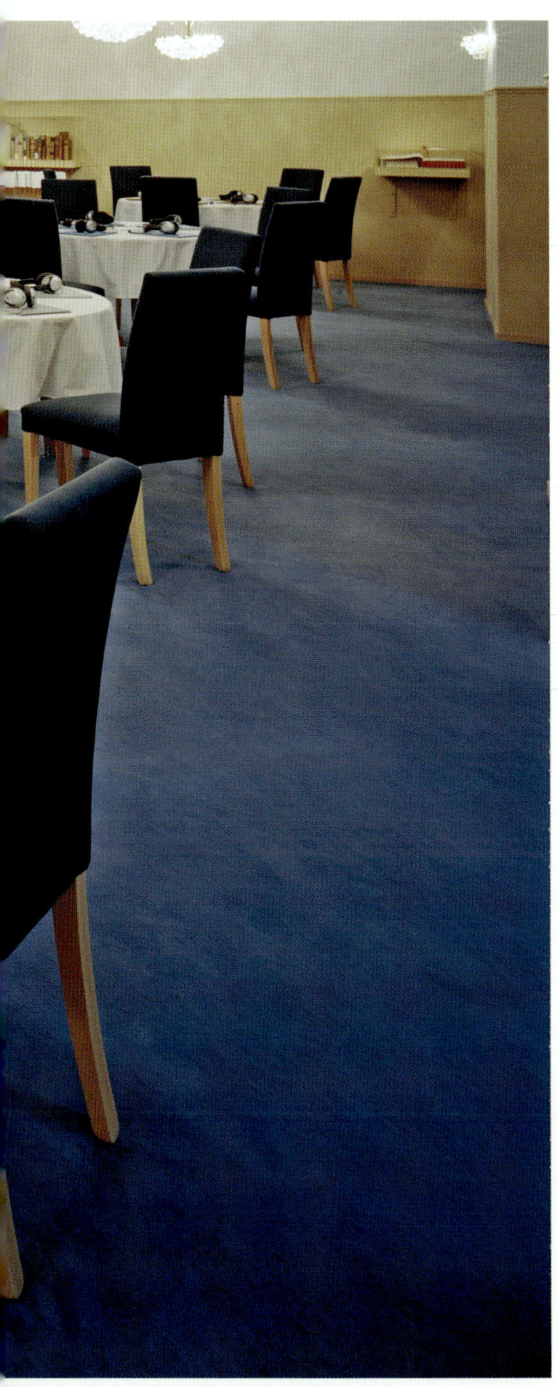

Restaurant

2005, für „Das Hotel", LA 05, Hall in Tirol

An fünf Tischen kann man der Unterhaltung von Wissenschaftlern, Philosophen und Bauern aus verschiedenen Epochen über Themen wie „Das Atom", „Die Enzyklopädisten" oder zu Volksweisheiten lauschen.

Restaurant, 2005, for "Das Hotel", LA 05, Hall in Tyrol

At five tables you may listen in on the conversations of scientists, philosophers and farmers from different eras on subjects such as "the atom", "the encyclopaedians" or folk wisdom.

Bar
2005, für „Das Hotel", LA 05, Hall in Tirol

An einer Jukebox kann man sich Balz-
geräusche von einheimischen und exotischen
Tieren anhören.

Bar, 2005, for "Das Hotel", LA 05, Hall in Tyrol

*A Jukebox plays mating noises of local and
exotic animals on request.*

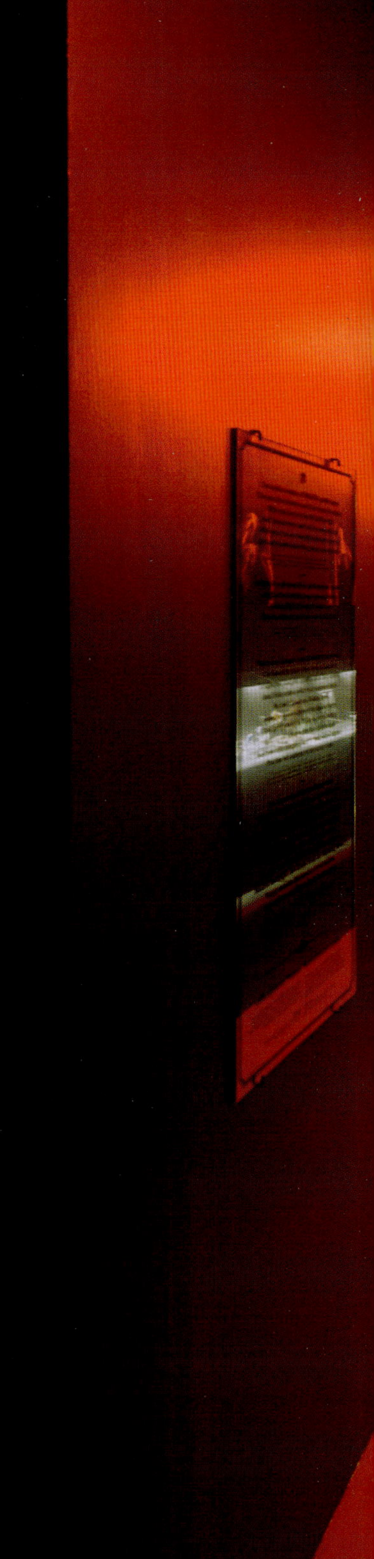

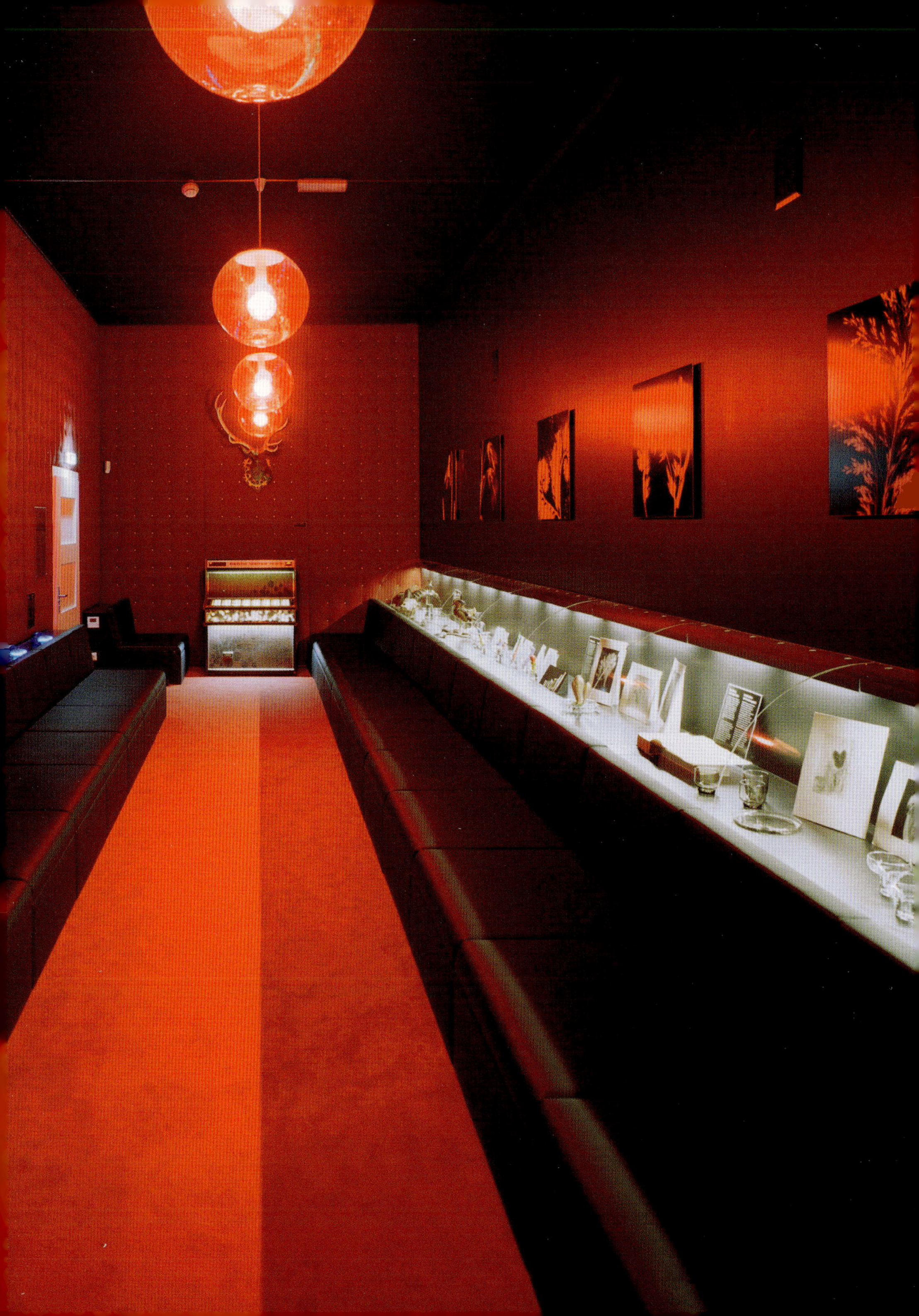

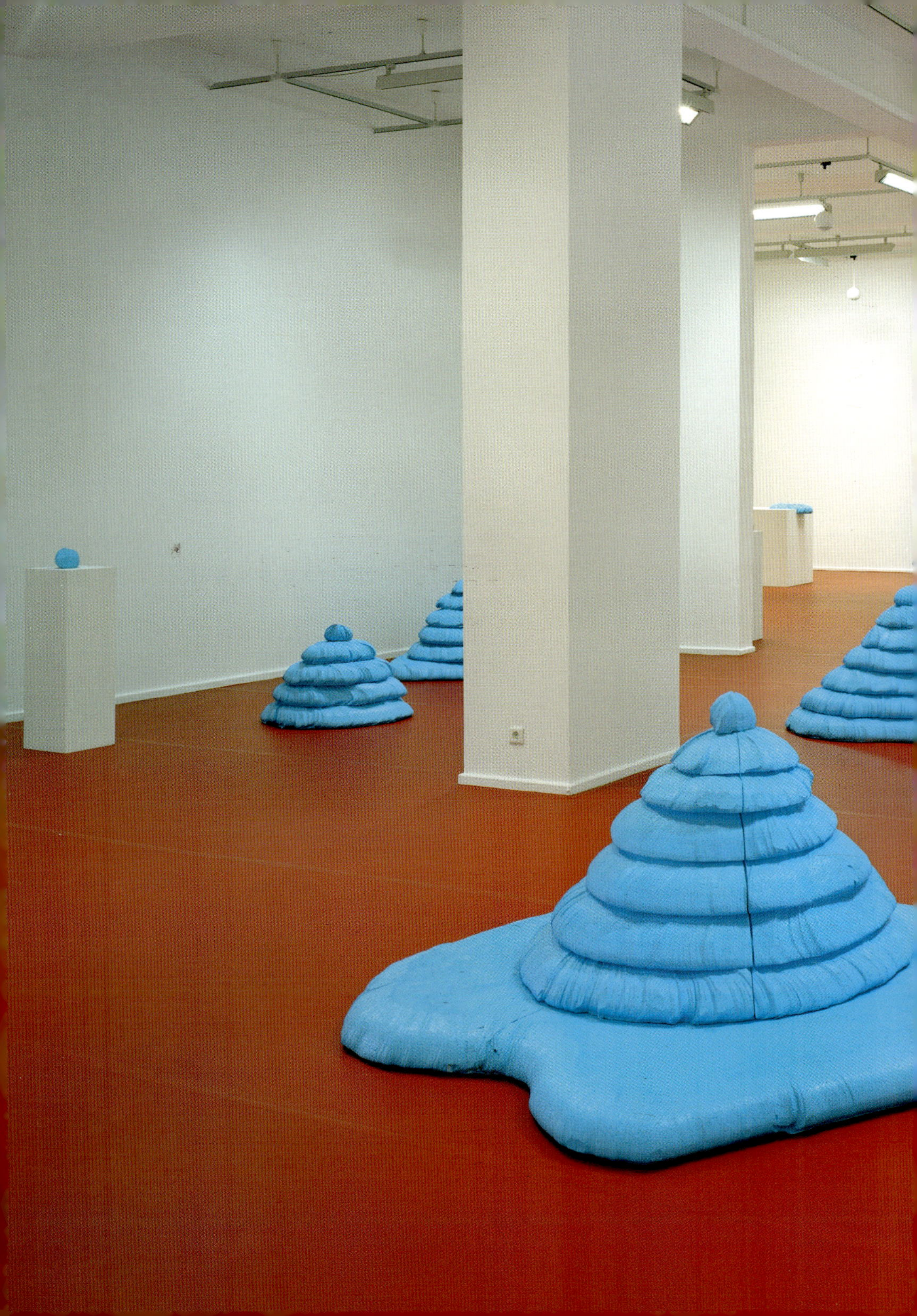

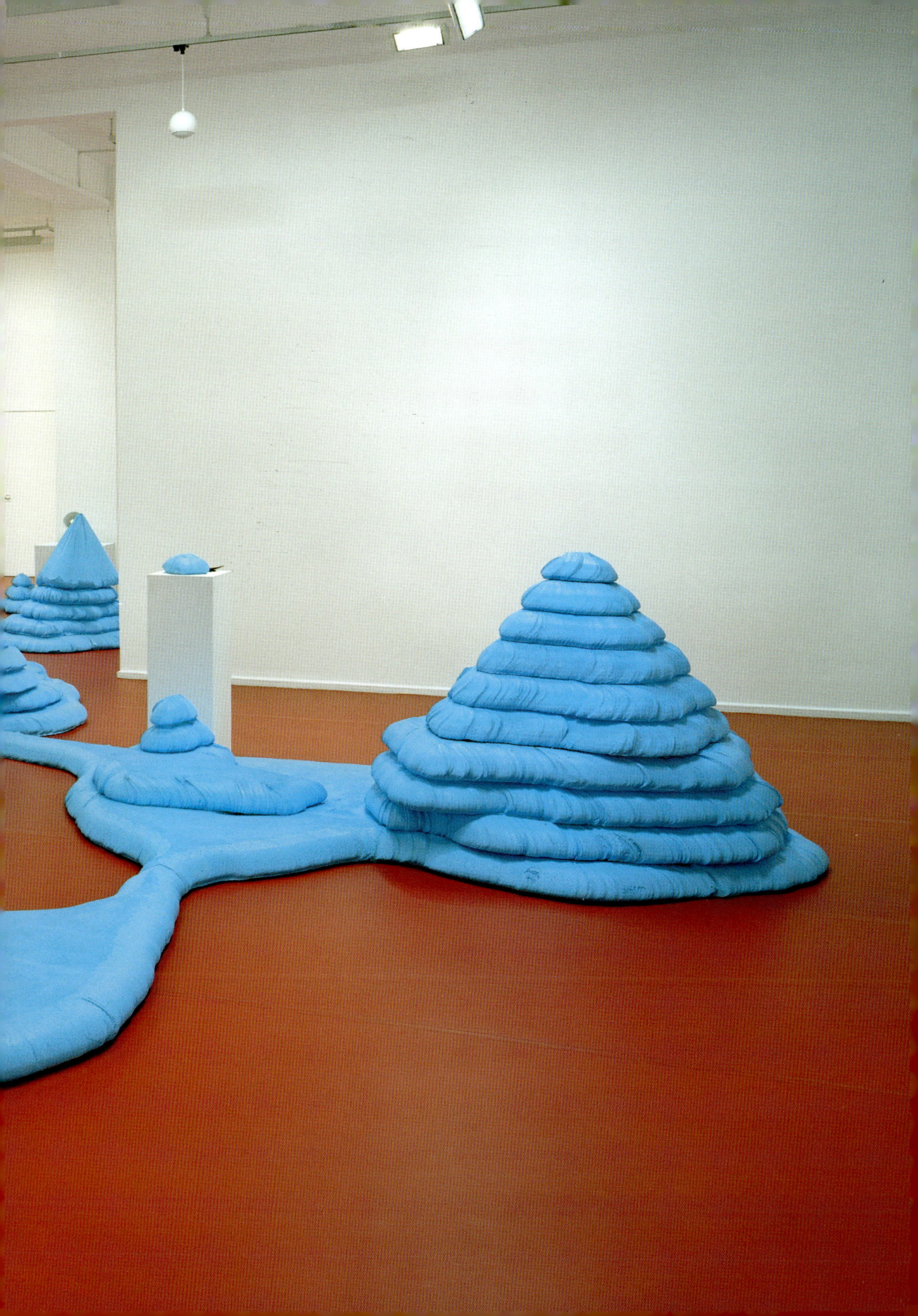

Paeninsula (S. 74–75)
2006, Neuer Berliner Kunstverein, Berlin,
12 Kugellautsprecher, 12 MP3-Player,
2 Audio Beamer

Die akustische Inszenierung vermittelt den
Eindruck, dass sich unter der Galeriedecke
Hunderte gurrender Tauben befinden. Der
Niederschlag im Kunstraum sind überdimen-
sionale, müllbeutelblaue Baiserhaufen.

Paeninsula, 2006, Neuer Berliner Kunstverein,
Berlin, 12 spherical speakers, 12 mp3-players,
2 audio beamer

*The acoustic installation gives the impression
of hundreds of cooing doves under the ceiling of
the gallery. The deposit in the art space consists
of oversized, light blue piles of meringue.*

Pain of Infinity (S. 76–77)
2008, Kratzen und Ziehen, Galerie Martina
Detterer, Frankfurt am Main, 16-Millimeter-
Filmprojektor, Plattenspieler, Umlenkrolle

Die Schwarzfilmschleife in einem 16-Milli-
meter-Filmprojektor wird kurz vor einer
Umlenkrolle außerhalb des Projektors von
einer Plattenspielernadel abgetastet. Die Rille
im Film sieht man als weißen Kratzer an die
Wand projiziert und hört sie laut knacken
und rauschen im Lautsprecher des Projektors.

Pain of Infinity, 2008, Kratzen und Ziehen
(scratching and pulling), Galerie Martina
Detterer, Frankfurt am Main, 16mm film
projector, turntable, pulley

*The black and white film loop in a 16mm film
projector is gauged outside the projector itself
by the needle of a record player. The groove in
the film is seen as a white scratch and heard as
crackling noise from the projector's speakers.*

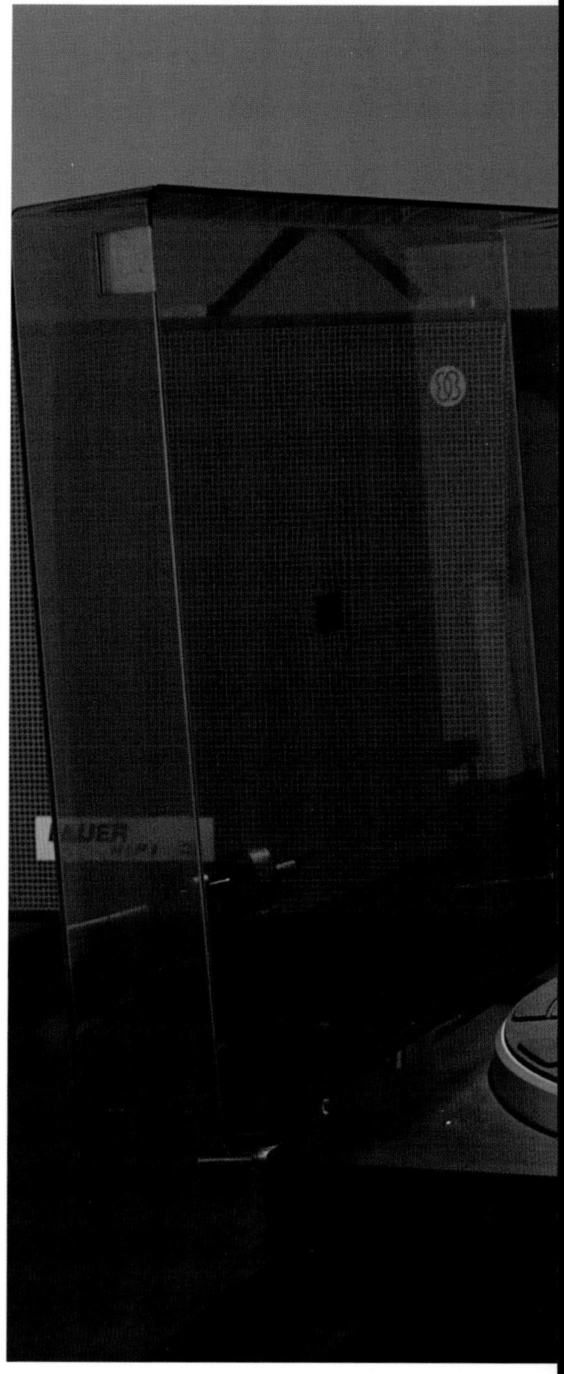

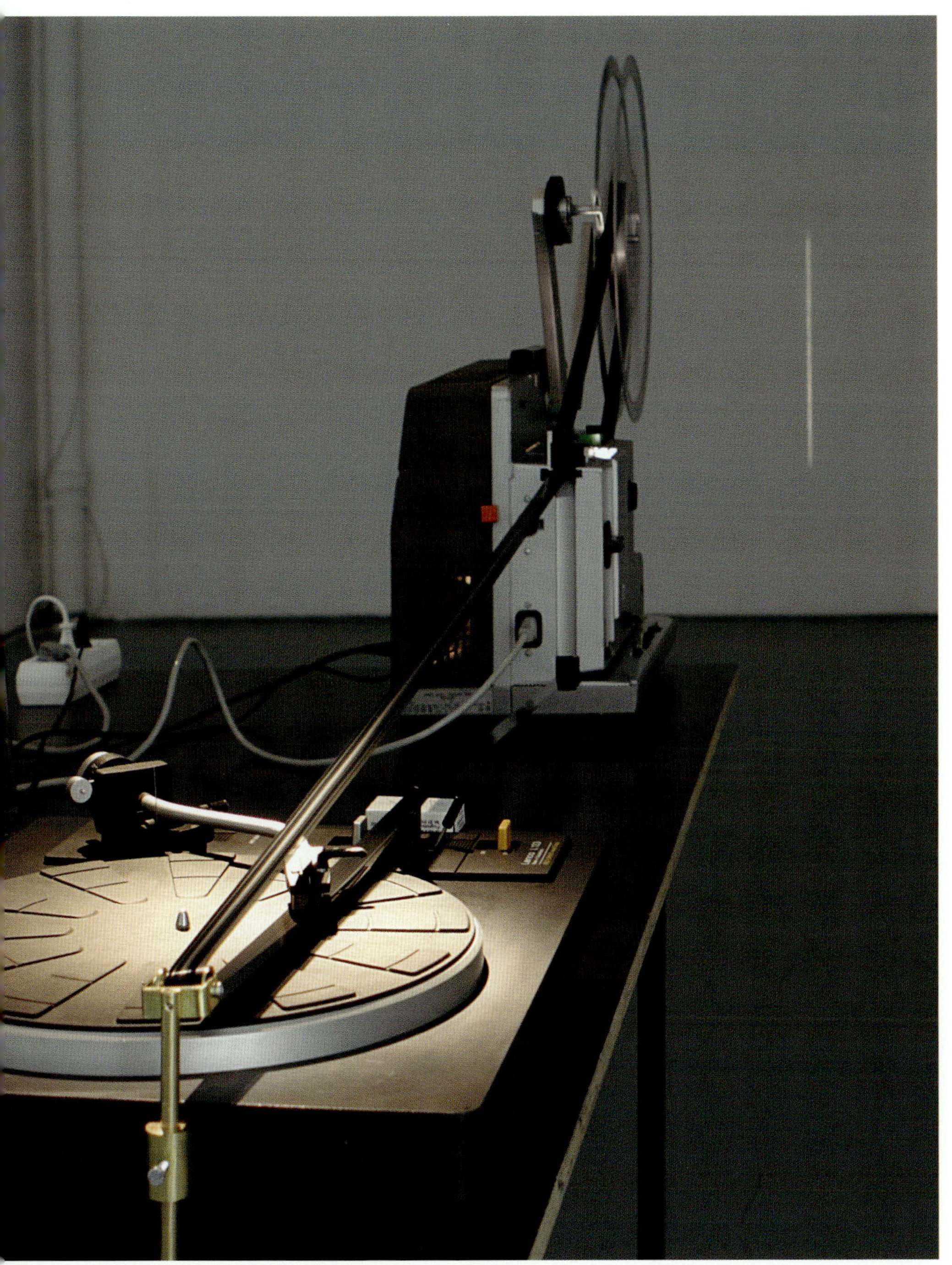

Trichinen auf Kreuzfahrt

1989

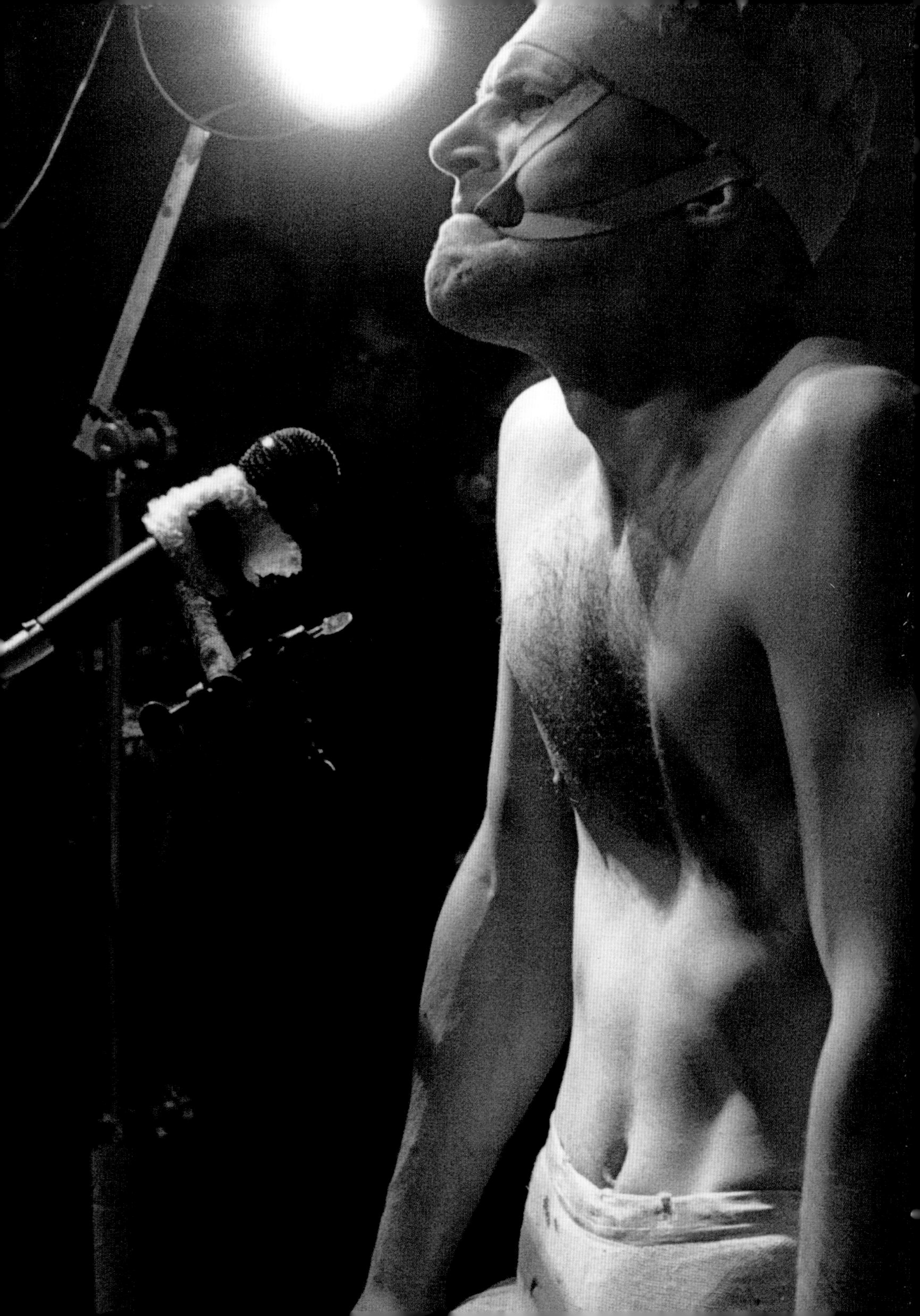

Ein kurzer Dialog:
Geräusch zu Geruch (a dialogue between smell and sound)

Via Lewandowsky 22:43
Habe ich da ein Klatschen
gehört?

Durs Grünbein 22:44
Ich hab gerade eine Fliege
erschlagen.

VL 22:46
Nein, nicht schon wieder.
Und ich dachte, es war ein
KLAPS.

DG 22:49
Wann hast Du zum letzten
Mal jemandem eine BACK-
PFEIFE verpaßt?

VL 22:50
Ich träume manchmal davon,
von diesem schallenden
Patsch.

DG 22:51
Ja, ja, das Leben besteht aus
Entsagungen.

22:53
Das einzige Klatschen,
das ich mir von Zeit zu Zeit
genehmige, ist der Schlag
mit der flachen Hand auf
die eigene Stirn.

VL 22:56
Das klingt so, wie wenn
man ein Feuerzeug betätigt,
gar nicht voll. Benutzt du nur
deine Finger dabei?

DG 22:57
Gewisse Geräusche bleiben
einfach unergründlich.

VL 22:57
Gewisse Geräusche sind
einfach SCHMUTZ.

DG 23:00
Hier widerspreche ich.
Meine Finger erzeugen einen
durchaus subtilen Fünfklang
auf meinem Stirnbein. Daher
mein Name.

VL 23:01
Was hat dein Name mit einem
Fünfklang zu tun?

DG 23:01
Heiß ich nicht Fünfbein,
äh Grünklang?

VL 23:03
Der Schlag vorhin war wohl
doch etwas zu stark. Oder
könnte es sein, dass der
Klang sich nur so in deinem
Inneren anhörte?

DG 23:06
Wenn mein Schädel eine
Glocke ist, dann hört es sich
innen anders an als außen.
Dir muß als Klatschen
erscheinen, was für mich
ein Dröhnen ist. Alte Zen-
Weisheit.

VL 23:09
An deiner Glocke schlägt
man sich die Hände wund,
stimmts?

DG 23:10
An meinen Glocken?
Sagt man so? Muß es nicht
KLÖDEN heißen?

VL 23:13
Mein lieber Herr Gesangs-
verein, welche Musik hörst
du gerade? Schlager?

DG 23:14
Wovon kommt eigentlich
das Wort Schlager? Von Topfschlagen?

VL 23:17
Lass mich eins festhalten,
du bist zwar schlagfertig,
aber du hast keine Ahnung
vom Topfschlagen.

DG 23:18
Gemein ist das Topfschlagen,
wenn darunter ein Kopf ist.
Besondere Folter bei Kinder-
geburtstagen.

VL 23:22
Das kenne ich nicht so, klingt nach besonderen Regeln. Wurde das dann auch im Keller gespielt?

DG 23:26
Aus dem Keller drangen ganz andere Geräusche. Die schrecklichsten Geräusche kommen überhaupt aus den Kellern, das sag ich Dir. Und am allerschrecklichsten ist die Stille in den Kellern. Dieses erstickte Tropfen.

VL 23:33
Stimmt, ich erinnere mich an den Schauder hineinzugehen. Aber dann kam mir die Kellerdecke wie eine dicke Membran vor, die den kohledunstig feuchten Geruch zum Schweben brachte.

DG 23:35
Das klingt interessant. Wie aus Geräuschen Gerüche werden und umgekehrt. Gibt es nicht im Gehirn eine GERÄUSCH-GERUCHS-SCHLEUSE?

23:37
Hallo?

VL 23:40
Geräusch-Geruchs-Schleuse, die scheint bei mir so eine Art PENDELTÜR zu sein.

DG 23:47
Unter uns Hobby-Neurowissenschaftlern: hier muß noch viel geforscht werden. Aber eine Anekdote fällt mir dazu ein. Ich saß einmal bei einem Konzert hinter der Bühne. Das war im Dresdner Kulturpalast in meiner Zeit als Bühnenassistent. Die große Bruckner-Sinfonie war zu Ende, der Applaus setzte ein. Und in diesem Moment kam eine Brandungswelle von Parfümdüften auf mich zu. Ich war total benebelt.
So ergeht es den Musikern Abend für Abend. Sie können die Ovationen kaum hören, sie sind wie von Sinnen von all den ätherischen Ölen.

VL 23:49
So eine Art Duft-Tsunami, beängstigend.

DG 23:49
Es war ein Tausch. Der Wohlklang des Orchesters gegen die Geruchsorgien des Publikums.

VL 23:55
Tausendfaches Flügelschlagen gen Süden ziehender Vögel riecht wie Tontöpfe voll mit Hummus. Man bekommt immer etwas anderes heraus.

DG 00:05
Die Zugvögel schlagen mit den Flügeln, aber der Pinguin klatscht in die Flossen. So sagt man doch, oder?

VL 00:07
Wer einmal klatscht, den hört man nicht.

DG 00:07
Dabei wabert Fischgestank herüber und es riecht plötzlich nach Lebertran, Drüsenfett.

VL 00:09
Und wie riecht es, wenn du gegen deine Stirn klatschtst?

DG 00:09
Ich Pinguin?

Führung

Via Lewandowsky

Wir heißen Sie herzlich willkommen zur Führung durch die Kunsthalle Rostock.

Bitte machen Sie sich zuerst mit der Technik vertraut. Achten Sie darauf, dass Ihr Kopfhörer richtig sitzt und der Ton nicht zu laut eingestellt ist. Wenn Sie die Führung unterbrechen wollen, drücken Sie auf die Pausentaste; wenn Sie sie abbrechen möchten, drücken Sie bitte auf Stopp und dann auf die Rückspultaste. Sollten Sie Probleme mit ihrem Gerät haben, wenden Sie sich an eine Aufsichtskraft oder nehmen Sie sich ein neues Gerät. Nach dem Ende der Führung bitten wir Sie, das Band wieder zurückzuspulen und das Gerät an seinen ursprünglichen Platz zu legen.

Sollte Ihnen während der Führung eine Person ohne Kopfhörer folgen, also eine Person, die nicht an der Audioführung teilnimmt, dann weisen Sie sie bitte darauf hin, dass sie dazu nicht berechtigt ist, da die Führung auch Nebenräume des Gebäudes umfasst und ein Aufenthalt ohne Tonband völlig nutzlos, ja sogar gefährlich ist. Im Falle eines Abweichens von der vorgesehenen Route ist es zwingend notwendig, wieder zu einem in der Audioführung beschriebenen Ort zurückzukehren, um von dort aus auf dem bezeichneten Weg weiterzugehen.

Die folgende Aufzeichnung einer Führung durch die Kunsthalle Rostock ist keine gewöhnliche Führung, sondern das Ergebnis eines einzigartigen Versuchsprojektes. In einem cyber-endoskopischen Transferverfahren war es vor nunmehr 28 Jahren gelungen, das Bewusstsein einer Testperson in eine radiummarkierte Wanderzelle ihres eigenen Körpers zu projizieren. Mithilfe einer tragbaren VAMU-Anlage – VAMU steht für »Virtual Awareness Mirroring Unit« – konnte bei unserer Testperson eine Art geklontes Ich als Dialogpartner erzeugt und intrazellulär in Echtzeit als Wanderzelle in ihrem Körper installiert werden. Zu diesem zweiten Bewusstsein der Testperson wurde mit dem VAMU-Generator eine Verbindung hergestellt.

Ziel des 1968 in der gerade neu errichteten Kunsthalle durchgeführten Experimentes war es, zu untersuchen, wie sich die Physis eines Menschen beim Gang durch einen Kunstraum verhält. Um auch für Sie die raumzeitliche Beziehung zwischen physischem Erleben und visueller Erkenntnis nachvollziehbar zu machen, gehen Sie zu den vom Operator für die Testperson beschriebenen Orten in der Kunsthalle. Die von der Wanderzelle der Testperson übermittelten Eindrücke von den jeweiligen Standorten können Sie heute, 28 Jahre später, mit Ihren Wahrnehmungen vergleichen.

Noch eine Anmerkung zur Testperson. Es handelte sich um einen 82-jährigen Biologielehrer, der sich freiwillig für dieses Forschungsprojekt zur Verfügung gestellt hatte. Die Aufzeichnung ist bisher noch nie der Öffentlichkeit vorgestellt worden, und wir freuen uns,

Sie heute zu dieser einmaligen Führung einladen zu können.

Wir beginnen jetzt mit der Führung. Gehen Sie bitte in den ersten großen Ausstellungsraum, von dem aus Sie auf den Park sowie auf den kleinen Innenhof blicken können. Stellen Sie sich in die Mitte des Raumes und schauen Sie in Richtung Osten zum Park hinaus. Viel Spaß – und Band ab.

Es ist der 28. Juni 1968. Test. Ich versuche jetzt, mit der Wanderzelle im Körper der Testperson Kontakt aufzunehmen. Hallo, können Sie mich hören?

Das Weltall ist erfüllt von Weltäther.

Ich glaube, die Verbindung ist sehr gut, aber die Wanderzelle kann uns noch nicht hören. Trotzdem würde ich vorschlagen, dass wir jetzt mit der Führung beginnen. Gehen Sie zum Fenster Richtung Park und schauen Sie auf Wiese und Bäume.

Dieser Äther ist unausdenkbar fein, unsichtbar und unwägbar. Die unendlichen Weiten des Universums zwischen den Sternen des Himmels, zwischen Sonne und Planeten, Mond und Erde sind nicht leer: wie die Meerestiere im Wasser schwimmen die Himmelskörper in einem unsichtbaren Ozean von Äther.

Sie stehen jetzt direkt vor dem Fenster. Bitte betrachten Sie die Oberfläche der Glasscheibe vor Ihnen.

Auch wir selbst, mit allen Dingen um uns, leben in diesem Meer von Äther. Unsere Zimmer sind erfüllt von ihm, der Zwischenraum zwischen meinen Augen und der Fensterscheibe vor mir ist Äthermasse, die Innenräume unseres Körpers enthalten neben der Luft das Tausendfache mehr an Äther. Dank seiner unendlichen Feinheit dringt er auch in alle jene Körper ein, die unseren groben Sinnen undurchlässig scheinen, dringt er in die Poren des Bodens, des Holzes, des Wassers, unserer Haut und füllt die Lücken zwischen ihren Stoffteilen aus wie Häcksel die Zwischenräume zwischen eingepackten Eiern.

Ich glaube, es liegen immer noch neuronale Interferenzstörungen vor. Bitte schauen Sie jetzt in den Himmel. Was sehen Sie?

Was existiert, muss zweckmäßig sein, sonst würde es nicht existieren können. Leben heißt leben können, zweckmäßig sein zum Leben. Was sich aus dem Chaos unzweckmäßig formte und nicht Kosmos ward, geht unter, Kosmos bleibt übrig. Nichts wird vollkommen geboren, alles muss sich erst durch Kampf und Umgestaltung zur Vollkommenheit durchringen, muss Millionen Male sterben, ehe es zum ersten Mal leben darf. »Tausende werden berufen, einer wird erwählt.« Millionen Mal mag die Materie unseres Sonnensystems sich zu Planeten und Monden geformt haben, um wieder in Chaos zu zerschellen – unzweckmäßig; viele tausend Mal mögen in dieser letzten Welt, in der wir heute leben, die Planeten zusammengeprallt sein und wieder zerstoben – unzweckmäßig; wo heute sieben übrig blieben, mögen hundert einst gekreist sein, davon dreiundneunzig untergingen, weil sie unzweckmäßig kreisten.

Es ist nicht klar festzustellen, ob die Testperson ihre intrazelluläre Sinnesverlagerung vollzogen hat oder ob sie sich noch im Stadium der Introspektion befindet. Bitte drehen Sie sich jetzt um 180 Grad und schauen Sie dabei auf den Fußboden vor Ihnen. Gehen Sie so auf die gegenüberliegende Seite des Ausstellungsraumes.

Solange Unzweckmäßigkeit das System prägte, Planeten allzu nahe beieinander sich ablenkten, Mond auf Mond in jeder neuen Erdepoche abstürzte und die stets von neuem aufgebaute Schöpfung niederriss, Kometenregen alljährlich wie Gewitterschauer feurig über die Quadranten fegten, durch die wolkenlose Atmosphäre Sonnenbrand und Weltraumkälte als Tag und Nacht unvermittelt aufeinander folgten, weite Gebirgsreihen speiender Vulkane Länder und Meere in Rauch und Asche hüllten – so lange konnte sich kein Leben auf Erden entwickeln. In unvollkommenen Welten leben keine denkenden Geister, eine Welt, die bedacht und bewundert werden kann, muss zweckmäßig sein.

Gehen Sie die Stufen hoch und nach draußen in den Lichthof. Drehen Sie sich nun wieder um und schauen Sie in die Kunsthalle hinein. Die Testperson folgt zwar unseren Bewegungsanweisungen, aber das Sprachzentrum der Wanderzelle ist immer noch von ihrem Unterbewusstsein überlagert.

Unzählige Male entnimmt man Blut aus den Körpern und betrachtet uns unterm Mikroskop. Mit Staunen und Grauen beobachten Sie uns dann, uns geheimnisvolle Tierchen, diese Wesen, die ICH sind und doch wieder nicht ICH, die dahinkriechen, fressen, sich mit hingestreuten Körnern füllen, sich einrollen und dann weiterkriechen, als lebten sie noch ihr eigenes Leben mitten in meinem Leibe. Ich bin einer von vielen aus meinem Inneren. Wir leben zwischen Vision und Sklaverei. Wir sehen Dinge, von denen sich die kühnste menschliche Fantasie kein Bild machen kann. Wir sind das Tor zum Äther.

Gehen Sie jetzt zurück in den großen Ausstellungsraum und drehen Sie sich um 90 Grad nach links, sodass Sie auf die weiße, zweiflügelige Tür am Ende des Raumes blicken. Gehen Sie zur Tür und schauen Sie durch den Türspion. Ich glaube, jetzt haben wir ihn, die holografische Paragnosie ist geglückt. Das geklonte Bewusstsein der Testperson befindet sich jetzt in der vorgesehenen Wanderzelle.

Ich treibe im Strom meines Blutes dahin.

Okay, es hat geklappt, wir sind drinnen. Bitte beschreiben Sie, was Sie sehen.

Ich treibe im Strom meines Blutes.

Was sehen Sie?

In der Mitte der Ader schwimmen als eine dichte Kette die Blutzellen; sie sind wesentlich schneller als wir Wanderzellen, die am Rande treiben. Beim Dahintreiben überschlage ich mich und gurgle mit Plasma.

Er muss noch immer leicht verwirrt sein. Scheinbar gibt es synchronal-neurotische Abweichungen zwischen ihm und seinem Double.

Es fällt mir auf, dass hier weit mehr Wanderzellen unterwegs sind, als das gewöhnlich der Fall sein sollte. Aus allen einmündenden Adern sehe ich neue Wanderzellen in Scharen herbeiströmen. Sie befinden sich offenbar in großer Erregung. Auch auf mich dringen sie jetzt ein, strecken Füßchen vor und scheinen mir etwas mitteilen zu wollen, aber ich kann sie nicht verstehen. Über meine Teilnahmslosigkeit sind sie offenbar erstaunt und lassen daher von mir ab. Ich werde ihnen folgen.

Gehen Sie die Treppe links von Ihnen hoch in den kleinen Ausstellungsraum.

Hier, an einer Verzweigung, sind sie in einen Nebenarm der Ader abgebogen, ich steuere ihnen nach. Es geht kreuz und quer durch mehrere Adern. Doch jetzt stockt der Strom. Die Ader, die uns bisher als enger Kanal umgeben hat, ist geweitet, anstelle der glatt gemauerten Wand umgeben uns zerklüftete Felsen. Sie ragen aus der roten Flut empor wie schwarze Klippen aus einem Meer bei Abendschein, und zwischen ihnen kreist das Blut in Wirbeln umher. Die bisher kugelig geformten Zellen strecken wie Polypen Arme aus dem Wasser und klimmen die dunklen Felswände empor, durch einen Spalt im Gestein verschwinden sie. Ich steige ihnen zögernd nach und komme an eine schmale Gasse zwischen zwei hohen roten Mauern aus regelmäßigen Steinen, an denen Telefonkabel entlanglaufen.

Was für Telefonkabel? Hallo, können Sie mich noch hören? Gehen Sie durch die Lücke am Ende des kleinen Ausstellungsraums hinter die Stellwände.

In dem Kabelgewirr sieht man von Zeit zu Zeit wie Riesenspinnen verzweigte Apparate hängen. Ich muss mich in einer Gasse zwischen zwei Muskelsträngen befinden. Ach schön, hier öffnet sich die Gasse … Oh Gott, was ist das? Ich stehe am Rand einer Schnittwunde. Vermutlich ist das die, die ich mir heute Morgen beim Rasieren zugefügt habe. Was mir als harmloser Schnitt erschien, liegt nun als eine alpine Landschaft von gigantischem Ausmaß vor mir. Naturbeschreibungen, wie ich sie mir mit meiner Kinderfantasie bei der Lektüre von Karl Mays Romanen ausgemalt habe, aber nie zu Gesicht bekam, scheinen hier verwirklicht. Schluchten von scheinbar bodenloser Tiefe gähnen unter mir, Wände von schier unfassbarer Höhe steigen über mir empor, und von oben dringt gelbliches Licht in die fantastische Landschaft, sodass die zerrissenen Zacken wie die Krater eines Mondgebirges in den dunklen Himmel ragen. Die Seitenwände sind nicht glatt, sondern zerklüftet, tiefe Furchen durchziehen das Gestein, überhängende Blöcke drohen in die Tiefe zu stürzen, und aus den Seitentälern führen Moränen das Geröll des zerfressenen Gewebes ins Tal. Die gegenüberliegende Seite der Schlucht ist von einem Gletscher geronnenen Blutes ausgefüllt, das aus der Wunde herniedergeträufelt und dann erstarrt ist; nun hängt es wie ein gefrorener Niagarafall in Hunderten von Wellen und riesigen Zapfen hinab zum Tal. Zwischen den erstarrten Lavamassen aber sickert aus mehreren Quellen gelbliche Lymphe, die als Wundflüssigkeit in die Tiefe tropft, wo sie zwischen dem Geröll, das den Grund erfüllt, sich verläuft. Ein stickiger Geruch liegt über dem ganzen Tal.

Öffnen Sie jetzt die Tür, an der ein Schild mit der Aufschrift »Museumspädagogik« hängt.

Ich glaube zu träumen, so seltsam ist der Anblick meiner Umgebung. Durch die Zellenfenster der zarten Ader sehe ich ringsum farbige Kugeln schweben, groß wie Luftballons, aber hell und durchscheinend wie aus feinstem Venezianerglas, und alle diese Kugeln sind durch den Widerschein des Blutes von einem Rosenschimmer durchglüht, wie die Lampions japanischer Nächte. Jene, in denen sich das helle Blut der Arterien spiegelt, strahlen himbeerfarben und rosérot, andere, die im Widerschein vorüberfließender Venen hängen, leuchten in sattem Purpur und Scharlach. Einige von ihnen sind von Flüssigkeit wie von gelbem Wein erfüllt, andere von einer zähen Masse, in der Silbertröpfchen schweben, die strahlen wie Schneeflocken bei Laternenschein, sodass die ganzen Kugeln in Tausenden von Reflexen blinken. Zwischen den Kugeln aber ziehen sich seidene Fäden hin, bald vereinzelt wie Girlanden, bald zu Netzen verflochten, die über den größeren Kugeln ausgebreitet hängen, und in den Fäden schweben, glitzernden Wattesternen an Weihnachtsbäumen gleich, zackige Zellen. Es ist eine morgenländische Pracht. Aus der Ader gekrochen, klettere ich zwischen den Kugelzellen an den Netzen der Bindegewebsfasern empor. Blendender Glanz umfängt mich. Ich befinde mich auf einem weiten Gletscherfeld von leuchtendem Fett. Doch es ist nicht glatt wie ein Schneefeld in den Alpen. Die Kugelzellen wölben sich aus der weißen Fläche hervor, und man könnte meinen, über den Dächern einer maurischen Stadt mit Tausenden von Alabasterkuppeln zu stehen. Zwischen den weißen Kuppeln aber rinnen, in einem wunderbaren Farben- und Formenkontrast zum Alabasterschein der Hügel, die Purpurquellen des Blutes – ein Anblick, so beeindruckend wie das Panorama des Großglockner.

Bitte gehen Sie jetzt wieder zurück in die Ausstellungsräume und steigen Sie die Treppe ins Obergeschoss hinauf.

Das weite, glitzernde Feld vor mir muss die Fettebene des Gekröses sein, das als Netz am Darm hängt, die Schlingen der Gedärme wie Winterschnee die Felder mit einer schützenden Decke schirmend. Ich krieche in eine kleine Ader, treibe durch mehrere der Arkaden, die den Darm umwinden, und gelange durch ein Zottengefäß bis zur Spitze einer der vielen Zotten, die wie Landzungen in das Innere des Darmkanals ragen. Nun stehe ich kleine Wanderzelle auf der Spitze einer Zotte mitten im weiten Darmkanal.

Gehen Sie jetzt nach links durch den großen Ausstellungsraum und schauen Sie von da zurück in den Raum.

Rings um mich ist es schwarz, als wenn der Weltraum um mich gähnte, und mir scheint, als stände ich auf einem Turm von unermesslicher Höhe hoch über dem Erdenrund. Doch der Himmel um mich ist nicht leer. Ringsherum, neben mir aus grundlos schwarzer Tiefe steigend und über mir aus Himmelshöhen niederwehend, hängen Zotten gleich der meinen in den Raum. Schattenhaft und nur an den mir nahen Spitzen deutlich erkennbar, wehen sie wie graue Wimpel gespenstisch hin und her, wobei sie sich bald so nahe kommen, dass sie sich fast berühren, bald wieder so weit voneinander entfernen, dass sie im Schwarz der Nacht verschwinden und ich wie weltverloren im einsamen Raum schwebe. Niemals in meinem Menschenleben, auch in jenen tropischen Sternennächten nicht, da ich am Bug unseres U-Bootes auf den zusammengerollten Tauen lag und nichts als den sternenbesäten Himmel über mir sah, als nur das leise Plätschern der Meereswellen an den metallenen Rumpf mich daran erinnerte, dass ich auf Erden sei und noch Körper um mich und in mir, sonst nichts als Raum, singender, klingender, sternendurchschwungener Raum – niemals, auch in jenen Zauberstunden nicht, empfand ich so das schauervolle Geheimnis der Dunkelheit, das metaphysische Mysterium der Dimensionen wie jetzt in diesen Schwebeminuten als Wanderzelle auf der Spitze einer Zotte meines Darmes.

Wo sind Sie jetzt genau?

Ich muss nicht weit vom Zufluss meines Gallenganges sein. Obwohl ich in der Finsternis kaum etwas erkennen kann, sehe ich verschwommen in der Ferne einen grünen Strom, der sich wie eine Riesenraupe auf mich zuwälzt. Das kann nur galledurchtränkter Nahrungsbrei sein…

Sehen Sie sich vor, wir wollen Sie da unten nicht verlieren!

… das kann einen zu Tode erschrecken. Nicht dass er mich erfasst und dann erbarmungslos verschlingt und womöglich verdaut, mich so durch mich selbst vernichtend, eine groteske Form des Selbstmordes. Es ist besser, ich ziehe mich rasch von der Zottenspitze zurück.

Gehen Sie jetzt weiter nach links zu dem kleinen Absatz mit der Treppe.

Ah, oh, ah, oh…

Was ist los? Verdammt, was ist da bloß los…

Ah, ich bin jetzt in einem breiten Tal, das, soweit das Auge reicht, von Korn bewachsen ist, und über die Felder fährt ein Wind, dass alle Ähren wogen – der Kanal ist von Zellen ausgekleidet, die an ihrer Oberfläche Wimpern tragen, sie bewegen sich unauffällig rhythmisch hin und her, unzählig wie die Ähren eines Saatenlandes. Ach, das muss das Flimmerkleid des Luftkanals sein. Es riecht hier wie in einem tropischen Gewächshaus. Zwischen all den Halmen stehe ich wie ein Wanderer im Korn winddurchwogter Felder. Von oben kommen grobe Flocken herabgeflogen und legen sich als schwarzer Staub über die wogenden Ähren. Aus dem dunklen Kanal hageln jetzt sogar schwarze Steine nieder. Die leichten Flocken, die wie Schnee daherschweben, bleiben an den Spitzen der Ähren haften. Einige größere Brocken jedoch, die aus dem vesuvischen Regen nie-

dergefallen sind, haben die Wimpernhalme der Zellen gebrochen, sie regen sich nicht mehr oder zucken nur noch wie ausgerissene Spinnenbeine unruhig hin und her. Aber aus Schleimdrüsen, deren Öffnungen ich bisher gar nicht bemerkt hatte, sprudeln nun wie auf Kommando Bäche von Schleim hervor, die die Steine unterspülen, unterwühlen, sodass in der Tat einige von ihnen sich heben und, einmal ins Rollen gebracht, sich schwerfällig wie Marmorblöcke, die man auf Walzen transportiert, dahinwälzen. Ein besonders großer Block liegt immer noch inmitten des niedergebrochenen Korns und scheint durch keine Gewalt von seinem Platz zu bewegen zu sein. Da eilen aus Mulden, Höhlen und verborgenen Drüsengängen Wanderzellen herbei, kriechen an den Block heran und fangen an, ihn allseits zu benagen. Brocken für Brocken löst sich aus dem Gefüge, fällt nieder und wird nun teils vom Wimpernstrom, teils von den Wanderzellen davongetragen.Ein Riesenblock mit scharfen Kanten wie ein gewaltiger Himmelsmeteor schlägt nicht weit von mir fauchend in das Feld der Wimpernzellen ein und bohrt sich mit seinen scharfen Spitzen tief in den weichen Boden der Schleimhaut.

Hallo? Sind Sie verletzt? Hallo, geht es ihnen gut? Weiß der Kuckuck, was nun wieder los ist. Wir gehen weiter. Gehen Sie die Stufen in den etwas höher gelegenen Ausstellungsraum hinauf. Es scheint, als hätte unsere Wanderzelle einen Staubbrocken auf den Kopf gekriegt. Kann man eine Störung am VAMU-Generator ausmachen? Gehen Sie jetzt die Stufen hoch in den nächsten Ausstellungsraum. Drehen Sie sich nach links und durchschreiten Sie den Raum.

Ich bin im Felsengebirge der Nasenhöhle angekommen. Es mag höhere und massivere Gebirge unter den Erhebungen der Erdoberfläche geben, aber gewiss keine Landschaft, die einem so zerklüftet und märchenhaft romantisch erscheint wie das Dreimuschel-

gebirge meiner Nase. Ich habe einen vorzüglichen Standpunkt und sehe die drei Kämme in parallelen Zügen, durch tiefe Täler voneinander geschieden, nach vorn ziehen, der untere Gebirgszug am ausgedehntesten, der mittlere am steilsten, der obere am reichsten an fantastischen Formen. Durch tiefe Schluchten ist das Gefüge der Felsen oftmals unterbrochen, das Profil des Kammes ist wild zerrissen wie die Silhouette der Dolomiten. Die Wege, die durch das Gebirge führen, schlängeln sich in unzähligen Windungen längs der steilen Wände und über die schmalen Grate der Höhen hin. Die Tiefe aber scheint durch das Schlangengewinde der Venenquellen wie von blauen Seen erfüllt und leuchtet azurfarben wie die Grotte von Capri. Ich steige seitlich ins hohe Gebirge hinauf, um das Gebiet der Riechempfindung aufzusuchen. Wie in der Luftröhre wogt auch hier, auf den Hängen des Nasengebirges, das Korn der Flimmerzellen, die den Staub der Atemluft durch ihren Wimperschlag wie mit einem Riesenbesen aus der Nase fegen.
Je höher ich aber steige und je mehr ich mich dem Nervenfelde nähere, umso kürzer werden die Flimmerhaare der Bodenzellen. Bald bedecken sie den immer härter werdenden Grund nur noch wie Wiesengras und wogen kaum mehr merklich im Atemwind. Schließlich schwinden sie völlig, und ich trete, wie ein Mensch von einem Alpenhang auf einen Gletscher, auf die gläserne Zellendecke der »Glasmembran« des Riechbezirkes.

Gehen Sie jetzt zur Wand am Ende des Raumes. An der linken Seite der Wand befindet sich eine Tür, bitte öffnen Sie diese und gehen Sie in den Raum hinter der Stellwand. Schließen Sie die Tür hinter sich.

Hier am Riechfeld stehe ich unmittelbar im Strom des Atems, und wenn ich in die Tiefe hinabsehe, bietet sich mir ein wundersamer Anblick: dampfende Täler in den Gebirgen des Zellenreichs. Sooft der Atemstrom in die Nase hineinfährt, weht er scharf wie ein Nordwind über das warme Gebirge, sodass eine Wanderzelle, die in dem Tropenklima des Leibes lebt, wohl das Frieren ankommen kann. Dann herrscht eine Weile Stille und die Landschaft liegt unbewegt da wie eine Aue nach Sonnenuntergang. Bald aber kehrt der Wind von der anderen Seite zurück, diesmal warm und mit Wasserdampf gesättigt. Wenn er über die Gründe des Felsengebirges streift, wallt der Dampf aus allen Spalten wie aus delphischen Tiefen hervor. Nebelschwaden steigen an den Felswänden auf, bis nur noch die Gipfel des Gebirges aus dem wogenden Meer ragen, und über dem Tränenquell, der aus dem Auge in das Nasental herniederrieselt, steigt der Dampf in hoher Fontäne wie ein Geysir empor.

Bitte steigen Sie auf der Leiter so weit nach oben, wie es geht.

Immer wieder an dieser Stelle packt mich die Neugier. Ich bin ja in der Nase! Wie wäre es doch, wenn ich, aus der Tiefe, die große Welt da draußen in Augenschein nähme? Ich krieche tiefer, und meine Neugier wird durch ein Bild von bestechendem Reiz belohnt. Gegen das helle Licht des Höhlenausgangs sehe ich als schwarze Silhouetten, wie von dem Tuschepinsel eines japanischen Meisters gemalt, die Haare, die die Nasenpforte gegen Staub und Eindringlinge schützen. Wie Riesenschleimhäute steigen Sie aus dem sumpfigen Grund der Nasenschleimhaut auf, mit ihren Spitzen sich im Wind des Atems biegend und wiegend, eine Dämmerlandschaft aus den

Sümpfen der Karbonzeit! Was aber dem Bild
seinen ganz besonderen Reiz verleiht, das
ist das Farbenspiel des Lichtes, das sich an
den feinen Spitzen bricht und nun in tausend
Strahlen regenbogenbunt ins Innere fällt,
sodass jedes Rohr an seiner Spitze eine
Strahlenblüte aus Nordlichtschein zu tragen
scheint. Ich stehe im Bann des unerwartet
schönen Bildes und muss daran denken, wie
die Natur noch um das Letzte und Verach-
tetste die Aureole der Schönheit glänzen lässt.

Okay, wir brechen hier ab – die Versuchsper-
son scheint sehr erschöpft zu sein. Bringen
Sie ihn wieder runter.

Auszug aus einer Tonbandführung durch die
Kunsthalle Rostock, dem Beitrag des Künstlers
zur *Ostsee-Biennale 1996*.

Guided Tour in Rostock

Via Lewandowsky

A warm welcome to this tour through the Kunsthalle!

Please first take a moment to familiarize yourself with your audio equipment. Check that your headset is comfortable and that it is not set too loud. If you want to interrupt the tour at any point, press the Pause button; if you want to end the tour, please press the Stop button and then the Rewind button. If you should have any problems with your equipment, please ask for assistance from the security staff or exchange your audio guide for another. At the end of the tour, we kindly request that you rewind the tape and return the audio guide to where you found it.

Should you find during the tour that someone without a headset is following you, that's to say, someone who is not on an audio tour, please point out to them that this is not allowed because the audio tour includes rooms behind the scenes in the museum, that there is no point in being in these rooms without an audio guide and that it could even be dangerous. If you should by any chance deviate from the planned route it is absolutely essential that you return to any location described in the audio guide and proceed along the marked route.

The following recording of a tour through the Kunsthalle is not the kind of tour one would usually expect, but the result of a unique experiment. Twenty-eight years ago, in a cyber-endoscopic transfer procedure, researchers successfully projected a volunteer's consciousness into a radium-marked traveling cell in that person's own body. With the help of a portable VAMU – VAMU stands for Virtual Awareness Mirroring Unit – it proved possible to create a form of cloned "I" as a dialogue partner installed in real time as a wandering cell in the volunteer's body. A connection to this second consciousness of the volunteer was established by means of the VAMU generator.

The aim of this experiment, carried out in 1968 in the newly built Kunsthalle, was to investigate the behavior of the physis of a human being walking through an art space. So that you, too, may fully understand the time-space connection between physical experience and visual cognition, go to the places in the Kunsthalle described for the volunteer by the operator. You will be able to compare your own impressions of the various locations with those registered twenty-eight years ago by the volunteer's wandering cell.

One more point regarding the volunteer. This was an eighty-two year-old biology teacher who had put himself forward to take part in this research project. This recording has never before been made public, and we are pleased to be able to invite you to take part in this unique audio tour.

We shall now embark on the tour. Please go into the first large exhibition room, from where you can look out over the park and the small internal courtyard. Stand in the middle of the room and look east towards the park. Have fun – and off you go!

It's the 28th June 1968. I'm trying to establish contact with the wandering cell in the body of the volunteer. Hallo, can you hear me?

Outer space is filled with the ether of the world.

I think the connection is very good, but the wandering cell can't hear us yet. Nevertheless, I would suggest that we now start with the tour. Go to the window facing the park and look out at the grass and the trees.

The ether is unimaginably fine, unseeable and unweighable. The endless expanses of the universe between the stars in the heavens, between the Sun and the planets, the Moon and the Earth are not empty – like the creatures in the sea the heavenly bodies are afloat in an invisible ocean of ether.

You are now standing directly in front of the window. Please observe the surface of the pane of glass in front of you.

We too, and all the things around us, also live in this sea of ether. Our rooms are filled with it, the space between my eyes and the window pane in front of me is a mass of ether, the insides of our bodies contain a thousand times more ether than air. By virtue of its infinite fineness, it also penetrates all those bodies that appear impermeable to our blunt senses, it penetrates the pores of the floor, wood, water, our skin, and fills out the gaps between particles like the chippings that fill the spaces around carefully packed eggs.

I think there is still some neuronal interference. Please look up into the sky. What do you see?

Everything that exists has to be viable, otherwise it couldn't exist. Living means being able to live, being fit for life. Everything that formed from the chaos but was not viable and did not become cosmos, disappeared. The cosmos is what remains. Nothing is born perfect, everything has to achieve perfection through struggle and change, has to die millions of times before it is allowed to live for the first time. "Thousands are called, only one is chosen." The matter in our solar system has formed into planets and moons millions of times before splintering into chaos again – not viable; in this last world, that we live in, planets have collided many thousands of times and disintegrated, turning back into dust – not viable; where seven remain today, a hundred may once have been in orbit, only for ninety-three to fail because their orbit was not viable.

It's not possible to say for sure whether the volunteer has completed the intracellular sense transfer or whether he is still in a state of introspection. Please now perform an about-turn and look at the floor in front of you. Walk like that towards the other side of the exhibition space.

As long as the system was largely unviable, planets that were too close threw each other off course, moon upon moon plunged into nothingness in every epoch taking with them the newly formed creation; every year fiery comet rain like thundery showers swept across the quadrants; in the cloudless atmosphere sun burn and cosmic cold followed immediately on each other like day on night; vast mountain chains of spewing volcanoes shrouded land and sea in smoke and ashes – no life could form on earth for all that time. Sentient beings cannot live in imperfect worlds; for a world to be considered and admired, it has to be viable.

Go up the steps and out into the light court. Now turn round again and look down into the Kunsthalle. The volunteer is following our directional instructions but as yet the speech centre of the wandering cell is still swamped by the subconscious.

Countless times blood is taken from bodies and examined under a microscope. With astonishment and horror you observe us, mysterious creatures that we are, beings that are "I" and yet not "I," wriggling along, feeding, filling themselves with strewn grains of corn, rolling up and then wriggling along again, as though they were still living their own lives deep in my body. I am one of many in my innards. We live between vision and slavery. We see things that even the most audacious human imagination could never picture. We are the gateway to the ether.

Now go back into the main exhibition room and turn 90 degrees to the left so that you are looking towards the white double door at the end of the room. Walk to the door and look through the spy hole. I think we've got it now, the holographic paragnosis has worked. The cloned consciousness of the volunteer is now in the wandering cell, as intended.

I'm being swept along in my bloodstream.

Okay, it's worked, we're in. Please tells us what you can see.

I'm being swept along in my bloodstream.

What can you see?

In the middle of the blood vessel there's a thick chain of blood cells swimming along; they're considerably faster than us, the wandering cells that are passing along the sides. As I sweep along I tumble forwards and gargle with plasma.

He must still be a little confused. It seems there are synchronal-neurotic inconsistencies between him and his double.

I notice that there are a lot more wandering cells out and about here than should normally be the case. And I see throngs of new wandering cells streaming in from side blood vessels. They are evidently in a state of high excitement. And now they're swarming around me, sticking their tiny feet out apparently wanting to tell me something but I can't understand them. They're clearly baffled by my indifference and decide to leave me alone. I'll follow them.

Go up the stairs to your left into the small exhibition room.

Here, at a bifurcation, they have turned off into a side blood vessel, I'll make my way along behind them. On, criss-cross through more blood vessels. But now there's a hold-up in the flow. The blood vessel that up until now contained us within its narrow passageway has widened out, and instead of the smoothly built wall we are surrounded by fissured rock formations. They rise up out of the red flood like black cliffs above the sea in the evening sun. And the blood eddies and circles in amongst them. Like polyps, the hitherto rounded cells stretch their arms out of the water and scramble up the dark cliff face, only to disappear through a crack in the rock. I climb up hesitantly behind them and find myself in a narrow alley between two high red walls made from regularly shaped stones with telephone wires running along them.

What kind of telephone wires? Hallo, can you still hear me? Go through the gap at the far end of the small exhibition room round behind the partition walls.

From time to time, in the tangle of cables, you see ramified devices hanging there like spiders. I must be in an alley between two strands of muscle. Oh good, the alley is opening out here … oh God, what's that? I'm at the edge of a cut. It must be the one I made this morning when I was shaving. That harmless little cut now stretches out before me, a gigantic Alpine landscape. It seems that all those descriptions of nature I pictured in my childish imagination when I was reading novels by Karl May – but never saw with my own eyes – are realized here. A seemingly bottomless chasm gapes below me, unimaginably high cliffs rise up above me, and from above a yellowish light shines down on this fantastic landscape, so that jagged edges, like craters in a lunar mountain range, reach up into a dark sky. The side walls are not smooth, but cracked – deep furrows cut through the rock, overhanging ledges threaten to plunge into the depths, and from side valleys the scree of

the eroded tissue is pushed down into the main valley. The other side of the chasm is filled with a glacier of coagulated blood that drips from the wound and rigidifies; now it hangs down into the valley like a frozen Niagara Falls with hundreds of waves and huge cones. But out from between the masses of petrified lava trickles yellowish lymph, wound fluid dripping into the depths where it runs away between the boulders that lie in the bottom of the valley. A cloying smell hangs over the whole area.

Now open the door with the sign that reads "Museum Pedagogics."

I think I must be dreaming, the sight of my surroundings is so strange. Through the cell windows of the delicate blood vessel I see colored spheres hovering on all sides, as big as balloons, but bright and translucent as though they were made from the finest Venetian glass, and all these spheres, reflecting the blood, glow with a rosy hue, like lamps in Japanese nights. The ones reflecting the light blood of the arteries have a raspberry-colored, rosé gleam; others, caught in the light of pulsing veins, glow in saturated crimson and scarlets. Some of them are filled with a fluid the color of golden wine, although more viscous than wine, with silver droplets floating in it that sparkle like snowflakes in lamplight, so that the spheres twinkle in a myriad of reflections. Between the spheres there are silky threads, now single like garlands, now interlaced as networks draped over the larger spheres, and in amongst the threads jagged cells glitter like stars in a Christmas tree. It's a scene of Oriental splendor. Crawling out of my blood vessel, I climb up between the spherical cells, clinging to the fibers of the connective tissue. I am bathed in a dazzling light. I have arrived at a glacier of gleaming fat. But it's not smooth like a snowfield in the Alps. The spherical cells protrude from the white plane, and it is almost as though one were gazing out over the roofs of a Moorish city with thousands of alabaster cupolas. But running between the white cupolas, contrasting wonderfully in form and color with the alabaster shimmer of the hillocks, is a crimson current of blood – a sight as magnificent as any panoramic view from the Großglockner.

Please now return to the exhibition area and go up the stairs to the upper floor.

The wide open, glittering field in front of me must be the fat layer of the mesentery that attaches like a net to the bowel, providing a protective cover for the looping intestine like winter snow on the fields. I steal into a small blood vessel, pass under several of the arcades that wind round the bowel, and make my way up a blood capillary to the tip of one of the numerous villi that protrude like tongues of land into the intestinal tract. Now I, a tiny wandering cell, am standing on the peak of a villus in the heart of the vast intestinal tract.

Now go left through the main exhibition space and look back into the room.

All around me it's pitch black, as though the universe were gaping wide open and it feels as though I were standing on an unmeasurably high tower far above the curve of the Earth. But the heavens around me are not empty. On every side, rising up out of the fathomless black depths beside me and waving down towards me from on high above me are more villi, like mine. Shadow and only clearly visible at their nearest tips, they sway eerily to and fro like grey pennants, sometimes coming so close that they almost brush each other, sometime spreading so far apart that they disappear in the black night and I float, lost to the world, in my lonely space. Never in my human life, not even in starry tropical nights when I lay on coils of rope on the bow of our submarine and could only see the star-strewn heavens above me, when only the gentle lapping of the waves on the metal rump reminded me that I was still on Earth

and there were more bodies around me and in me, but that otherwise there was nothing but space, singing, ringing, starresounding space – never, not even in those magical moments, was I so aware of the awe-inspiring secrets of darkness, the metaphysical mystery of the dimensions as now in these floating minutes as a wandering cell on the tip of a villus in my own intestines.

Where exactly are you just now?

I can't be far from the entrance to my bile duct. Although I can hardly make out anything in the gloom, in the distance I can dimly see a green current lurching towards me like a giant caterpillar. It has to be bile-soaked food…

Be careful, we don't want to lose you down there!

…it's terrifying. It mustn't get me and mercilessly swallow me and, who knows, digest me, annihilating me with myself, a grotesque form of suicide. I'd better quickly get back down from the tip of my villus.

Now go left to the little landing with the stairs.

Ah, oh, ah, oh…

What's up? For goodness sake, what's going on?

Ah, I'm in a wide valley, with corn growing in it as far as the eye can see, and there's a wind blowing across the fields, the heads of corn bowing before it – this passage is lined with cells with lashes on their outer surfaces, moving rhythmically hither and thither, as countless as the ears of corn in a cultivated field. Ah yes, that must be the ciliated lining of the airways. In here it smells like a tropical greenhouse. I stand in amongst the fibers like someone who has wandered into the ripe corn growing in wind-blown fields. From above coarse flakes descend, settling like black dust on the waving stalks. Now black stones are even hailing down from out of the dark passageway. The light flakes, that float like snow, settle on the tips of the corn. But some larger lumps, that fell with the Vesuvian rain, have broken the fibrous tips of the cells, they no longer sway, or only twitch uneasily this way and that like torn-off spiders' legs. But now, as if on command, streams of mucous are gushing from the mucous glands that I hadn't noticed till now, flowing over the stones, rushing between them so that in fact some of them shift and, having been set in motion, roll cumbersomely forwards like blocks of marble being moved on rollers. A particularly large boulder is still lying amidst the broken corn and it seems that nothing can get it moving. All of a sudden wandering cells hurry out of hollows, troughs and hidden glands, squirm towards the boulder and start to gnaw at it from all sides. Piece after piece breaks off it, drops down and is carried away, partly by the flowing lashes, partly by the wandering cells. Not far from me a mighty boulder, with sharp edges, crashes with a hiss – like a huge meteor – into the field of lash cells and with its jagged edges bores deep into the soft ground of the mucous membrane.

Hallo? Are you hurt? Hallo, are you all right? Heaven knows what's going on there. We'll continue. Go up the stairs to the slightly higher exhibition room. It looks as though our wandering cell might have been hit on the head by a particle of dust. Can you see any malfunctions in the VAMU generator? Now go up the stairs to the next exhibition room. Turn left and walk through the room.

I've arrived in the rocky mountains of the nasal cavity. There may be higher, more massive mountain ranges on the surface of the Earth, but there is certainly no landscape as fissured and magically romantic as the shell-like mountains of my three nasal conchae. I have an excellent lookout point and see the three parallel ridges, separated by deep valleys, extending forwards: the lower ridge being the longest, the middle ridge the steepest and the upper ridge the richest in fantastic forms. Deep chasms repeatedly cut through the rocks, the profile of the ridge is wildly serrated like silhouettes of the Dolomites. The paths that lead through the mountains, snake their way tortuously along the steep cliffs and over the narrow crests. But the winding paths of the veins make the depths look as though they were filled with blue lakes and they glow an azure blue like the grottos on Capri. I climb up sideways into the high mountains in order to find the area where the sense of smell is located. Like in the air passages, here too, on the slopes of the nasal mountains, is the waving corn of ciliated cells whose tiny lashes blink away dust out of the air in the nose as effectively as a giant broom. But the higher I climb and the closer I get to the nerve field, the shorter the lashes become on the ground cells. Soon they only cover the increasingly hard ground like oat grass, and barely move any more in the wind of my breath. In the end they disappear altogether, and – like a human being treading on a glacier on an Alpine slope – I step onto the glassy cell-covering of the 'glass membrane' of the olfactory region.

Now walk towards the wall at the far end of the room. To the left, in the wall, there is a door. Please open it and go into the room behind the partition wall. Close the door behind you.

Here in the olfactory region I am directly
in the current of my own breath, and when
I look down into the depths, I see a wondrous
sight: steaming valleys in the mountains
of this cell kingdom. As soon as the breath
passes into the nose, it blows like a north wind
sharply across the warm mountains, so that
a wandering cell, that normally inhabits the
tropical climes of the body, could very likely
freeze. For a moment everything is still and
the landscape lies motionless like a field after
the sun has set. But soon the wind returns
from the other direction, now warm and
saturated with water vapor. As it passes
through the rocky mountains, steam rises
out of every crack as though out of Delphic
depths. Swathes of mist rise up the cliff faces,
until only the mountain peaks are visible
above the shifting seas, and when a tear runs
from the eye down into the nasal valley, steam
shoots up into the air like a geyser.

Please climb up the ladder as far as you can go.

I am riven with curiosity in this place. I'm in
the nose! What would it be like if I, from out
of the depths, could set eyes on the big wide
world out there? I crawl further in, and my
curiosity is rewarded with a stunning picture.
Against the bright light at the mouth of the
cave I see, as black silhouettes – as though
painted by the brush of a Japanese master –
the hairs that protect the entrance to the nose
from dust and other would-be infiltrators.
Like giant reeds they rise up out of the swampy
ground of the nasal mucous membrane, their
tips bending and waving in the wind of the
breath, a twilight landscape from the marshes
of the Carboniferous Period! But what gives
this picture its very particular appeal, is the
play of colors in the light that refracts on the
fine tips of the hairs and shines with a
thousand rainbow rays inside the cave, so that
every reed seems to have at its tip a glowing
bloom of northern lights. I stand transfixed
by the beauty of this unexpected sight and
wonder at the fact that nature even places
an aureole of beauty around the lowest and
least respected.

Okay, we'll stop there – our volunteer seems to
be very exhausted. Bring him back down again.

Excerpt from an audio tour through the
Kunsthalle in Rostock: the artist's contribution
to the 1996 Baltic Biennial.

VIA LEWANDOWSKY

1963
in Dresden geboren

1982–1987
Studium an der Hochschule
für Bildende Künste Dresden

1991–1992
PS 1, New York

1994
The Banff Centre for the Arts,
Kanada

1995
Kunstpreis der Leipziger
Volkszeitung

1998
Botho-Graef-Kunstpreis, Jena

2003
Art Space, Sydney

2005
Kritikerpreis 2005

Arbeitsstipendium „Bejing
Case", Peking

2008
Villa Aurora, Los Angeles

**Einzelausstellungen
(Auswahl)**

2008
Applaus, Haus am Waldsee,
Berlin

2007
Erinnerungen an einen Fort-
schritt, 798-Factory, Peking

2006
paeninsula, Neuer Berliner
Kunstverein, Berlin

2005
homezone, Galerie für Zeitgenössische Kunst, Leipzig

2004
Diese Scheiß Sterblichkeit,
Fruchthalle Kaiserslautern

2003
The Unthinkable: Fear of Joy,
Art Space Gallery, Sydney

2002
Hors Sol?, Expo 02, Murten/
Morat

2001
Schiefer Laufen, Galerie
Arndt & Partner, Berlin

2000
Angeborener Farbraum,
Kestner-Gesellschaft,
Hannover

1999
Bona Fide, Galerie Martina
Detterer, Frankfurt am Main

1997
Komm stirb mit mir, Galerie
Arndt & Partner, Berlin

1995
Alles Gute, Museum der
Bildenden Künste, Leipzig

1993
…und baute eine Stadt
aus Pilzen, Galerie Niels
Ewerbeck, Wien

**Ausstellungsbeteiligungen
(Auswahl)**

2008
Peace and Agriculture,
Haunch of Venison, Berlin

Vertrautes Terrain, ZKM,
Karlsruhe

Ad absurdum, MARTa
Herford

Leibesübungen. Vom Tun
und Lassen in der Kunst,
ICA Dunaújváros, Budapest

Tonspur_expanded, Frei-
raum, quartier 21, Museums-
Quartier Wien

2007
Agitation and Repose, Tany
Bonakdar Gallery, New York

Reality Bites, Kemper Art
Museum, St. Louis

A Vista of Perspectives – The
6th Shenhzen International
Sculpture Exhibition,
Shenzhen, He Xiangning Art
Museum, China

Ray of Love, Sammlung
Prinzhorn, Heidelberg
(2. Fotofestival Mannheim)

Neue Heimat, Berlinische
Galerie, Berlin

2006
Anstoss Berlin,
Haus am Waldsee, Berlin

2004
Berlin-Moskau/Moskau-
Berlin, Historisches Museum,
Moskau

2002
Berlino Nuova Città d'Arte,
Opera Paese, Rom

2000
Crossroads, Sala de Exposiciones de Plaza de Espana, Madrid

Sensitive, 10. Printemps de Cahors, Cahors

Circus Circus, Norrtälje Konsthall, Stockholm

1998
Last House On The Left, Ferdinand Bobergs Elverk, Stockholm

The body and the East, Moderna Galerija, Ljubljana

1996
Happy End, Kunsthalle Düsseldorf

1994
Schnittstellen, Kunstverein Heidelberg

1992
Encounters with Diversity, PS 1, New York

Documenta IX, Kassel

Performances

2000
Der epileptische Ruderer – Via Lewandowsky mit Wolf Jahn im Sprechzimmer, Hamburger Kammerspiele

1999
Zeit der Zähne, mit Durs Grünbein (Lesung), Stadttheater Basel

1998
Will you be quiet, Moderna Galerija, Ljubljana

1997
Connected Tongue for My Swiss Friends, Gallery Lombard-Freid Fine Arts, New York; Bleat Runner, zu Performa 97, Fußballplatz Kleine Hamburger Straße, Berlin

1993
MinusPlus, Black Box, Gasteig München

Über das Enden von Leitfäden (On the Ending of Main Connecting Threads), Institut für Gegenwartskunst, Wien

The smell inside us (Der Geruch in uns), Kunstraum Elbschloß, Hamburg

Das geheime Leiden, Kunstverein Arnsberg

1992
They can't hear any screaming, Power Plant, Toronto

1991
Das Ende (5), Moltkerei, Köln, mit den Autoperforationsartisten

Das Problem der Verjüngung, Moltkerei, Köln, mit Durs Grünbein

An den Wangen werdet ihr mich erkennen, Neue Galerie, Graz

1990
Hitlers Ohr rosig im Bunker der Reichskanzlei, La Grande Halle de La Villette, Paris, mit Durs Grünbein

Wir sind wie alle, La Grande Halle de La Villette, Paris, mit den Autoperforationsartisten

Leibbrand, Ballhaus Düsseldorf, mit Else Gabriel

Hauptsache gesund (I–III), Casino, Kleine Schalterhalle (Hauptbahnhof Stuttgart), Kulturzentrum Mitte, Stuttgart, mit den Autoperforationsartisten

V. I. V. (I–III), SO 36, Bahnhof Westend, Tacheles, Berlin, Teil III: mit Else Gabriel, Hans Schulze

1989
Verlesung der Befehle, Galerie Nord, Dresden, mit Durs Grünbein

Trichinen auf Kreuzfahrt, Galerie Weißer Elefant, Berlin (Ost)

Deutsche Gründlichkeit, Galerie Weißer Elefant, Berlin (Ost), mit Durs Grünbein

Humunkulusmonolog, Hochschule für Bildende Künste, Dresden, mit Hanne Wandtke, Micha Brendel

Von Ost nach Nord, Hochschule für Bildende Künste, Dresden, mit Durs Grünbein

So tröstet uns Beständigkeit,
Ausstellungszentrum am
Fernsehturm, Berlin (Ost),
Elefanten Press Galerie, Berlin
mit den Autoperforations-
artisten

An alles denken, zu Art
Betweens, Potsdam, mit
Durs Grünbein

1988
RumpfStampfen, Akademie
der Künste, Berlin (Ost), mit
den Autoperforationsartisten

Vom Ebben und Fluten,
Leonardi Museum, Dresden,
mit den Autoperforations-
artisten

Im Eischweiß der Letzten
Tausend Tage, VEB Denk-
malpflege, Dresden, mit Else
Gabriel

Ghettohochzeit, Samariter-
kirche, Berlin (Ost), mit Durs
Grünbein

Hirsche sagen ab, Klubhaus
„Arthur Hoffmann", Leipzig,
mit Durs Grünbein

Panem et circences, Hoch-
schule für Bildende Künste,
Dresden, mit den Autoperforationsartisten

1987
Gründung der Gruppe der
Autoperforationsartisten
durch Else Gabriel, Micha
Brendel, Via Lewandowsky

Herz Horn Haut Schrein,
Hochschule für Bildende
Künste, Dresden, mit den
Autoperforationsartisten

1986
Spitze des Fleischbergs,
Hochschule für Bildende
Künste, Dresden, u.a. mit
Else Gabriel, Micha Brendel,
Rainer Görß

1985
langsam nässen, Hochschule
für Bildende Künste, Dresden,
u.a. mit Else Gabriel, Micha
Brendel, Rainer Görß

Bibliographie (Auswahl)

1989
Via Lewandowsky: Sie können
nichts schreien hören.
Acht Portraits zur Euthanasie,
Reproduktive Malerei,
Ausstellungskatalog, Neue
Gesellschaft für Bildende
Kunst, Berlin 1989

1990
Via Lewandowsky: Zwölf
Bahren zur Verbrüderung,
Ausstellungskatalog,
Galerie vier, Berlin, 1990

1991
Via Lewandowsky: Biologie
der Ermüdung, Ausstellungskatalog, Stadtgalerie Landes-
hauptstadt Saarbrücken, 1991

1995
Alles Gute! Good Luck!, Pina
und Via Lewandowsky, Aus-
stellungskatalog, Museum
der bildenden Künste, Leipzig,
1995, Vice Versa Verlag

1998
Via Lewandowsky: Komm
stirb mit mir, Ausstellungskatalog, Kunsthalle Vierseithof,
Luckenwalde / Kunstverein
Lingen / Kunstverein Rosen-
heim / Albrecht Dürer Gesellschaft, Kunstverein Nürnberg,
Hrg. Christoph Tannert, Berlin
1998, Vice Versa Verlag

2004
Via Lewandowsky: Diese
scheiß Sterblichkleit, Ausstel-
lungskatalog, Fruchthalle
Kaiserslautern,
Hg. Ivo Wessel, Berlin 2004

2006
Christine de la Garenne,
Via Lewandowsky: Neobiota –
Fragmente des Missver-
stehens: Peking, Fotodoku-
mentation, Hg. Christoph
Zuschlag, Berlin 2006, Hatje
Cantz Verlag

Via Lewandowsky:
paeninsula, Ausstellungs-
katalog, Neuer Berliner
Kunstverein, Hg. Alexander
Tolnay, Berlin 2006, Hatje
Cantz Verlag

IMPRESSUM / IMPRINT

Haus am Waldsee
Ort Internationaler Gegenwartskunst
Argentinische Allee 30
D-14163 Berlin
T +49 (0)30/8018935
www.hausamwaldsee.de

Via Lewandowsky – APPLAUS

Diese Publikation erscheint anlässlich der gleichnamigen Ausstellung im Haus am Waldsee, Berlin, 09. 11. 2008 – 28. 12. 2008

Herausgeber / Editor: Dr. Katja Blomberg
Gestaltung / Design: Hermann Hülsenberg, Marco Gjergja
Übersetzung / Translation: Volker Ellerbeck
Lektor / Corrector: Dr. Irene Tobben
Lektor für „Führung" / Corrector for "Guided Tour in Rostock": Sabine Grimm, Fiona Elliott (Übersetzung)

Ausstellung und Katalog / Exhibition and Catalogue: Dr. Katja Blomberg, Via Lewandowsky
Geschäftsführung / Managing director: Julia Rust
Marketing: Julia Rust, Julia Zehl
Presse / Press: Mirko Nowak
Assistenz: Katharina Köpke
Aufbau / Installation: Martin Sauerborn

Lithographie/Lithography: bildpunkt, Berlin
Druck/Print: Medialis GmbH, Berlin

2008 © Via Lewandowsky,
Haus am Waldsee, Berlin, und Verlag der Buchhandlung Walther König, Köln

Fotografie / Photography: Dokumentation der Installation Jörg Hejkal (S. 2–17), Bernd Borchardt (S. 38–39), Werner Zellien (S. 40–43), Gunter Lepkowski (S. 44), Volker Kreidler (S. 48–53, 61, 65–75), Hansjörg Dettling (S. 54–55), Jens Schünemann (S. 57), Thomas Wucherpfennig (S. 58–59), Andreas Enrico Grunert (S. 62–63), Via Lewandowsky (S. 46–47, 77)

Umschlag Abb. / Cover image: © Luc Viatour GFDL / CC

Alle Arbeiten / all works courtesy Via Lewandowsky

Erschienen im / Published by
Verlag der Buchhandlung Walther König, Köln
Ehrenstr. 4, 50672 Köln
T +49 (0) 221 / 20 59 6-53
F +49 (0) 221 / 20 59 6-60
verlag@buchhandlung-walther-koenig.de

Die Deutsche Bibliothek –
CIP-Einheitsaufnahme
Ein Titelsatz für diese Publikation ist bei der Deutschen Bibliothek erhältlich

Printed in Germany

Vertrieb / Distribution:
Schweiz / Switzerland
Buch 2000
c/o AVA Verlagsauslieferungen AG
Centralweg 16
CH-8910 Affoltern a.A.
T +41 (0) 44 762 42 00
F +41 (0) 44 762 42 10
a.koll@ava.ch

UK & Eire
Cornerhouse Publications
70 Oxford Street
GB-Manchester M1 5NH
T +44 (0) 161 200 15 03
F +44 (0) 161 200 15 04
publications@cornerhouse.org

Außerhalb Europas / Outside Europe
D.A.P. / Distributed Art Publishers, Inc.
155 6th Avenue, 2nd Floor
New York, NY 10013
T +1 212-627-1999
F +1 212-627-9484
www.artbook.com

ISBN 978-3-86560-568-9

MIT FREUNDLICHER UNTERSTÜTZUNG
Freunde und Förderer
des Hauses am Waldsee e.V.

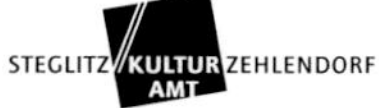

Gefördert aus den Mitteln der Dezentralen
Kulturarbeit Steglitz-Zehlendorf

MEDIENPARTNER

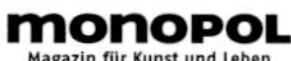

monopol
Magazin für Kunst und Leben

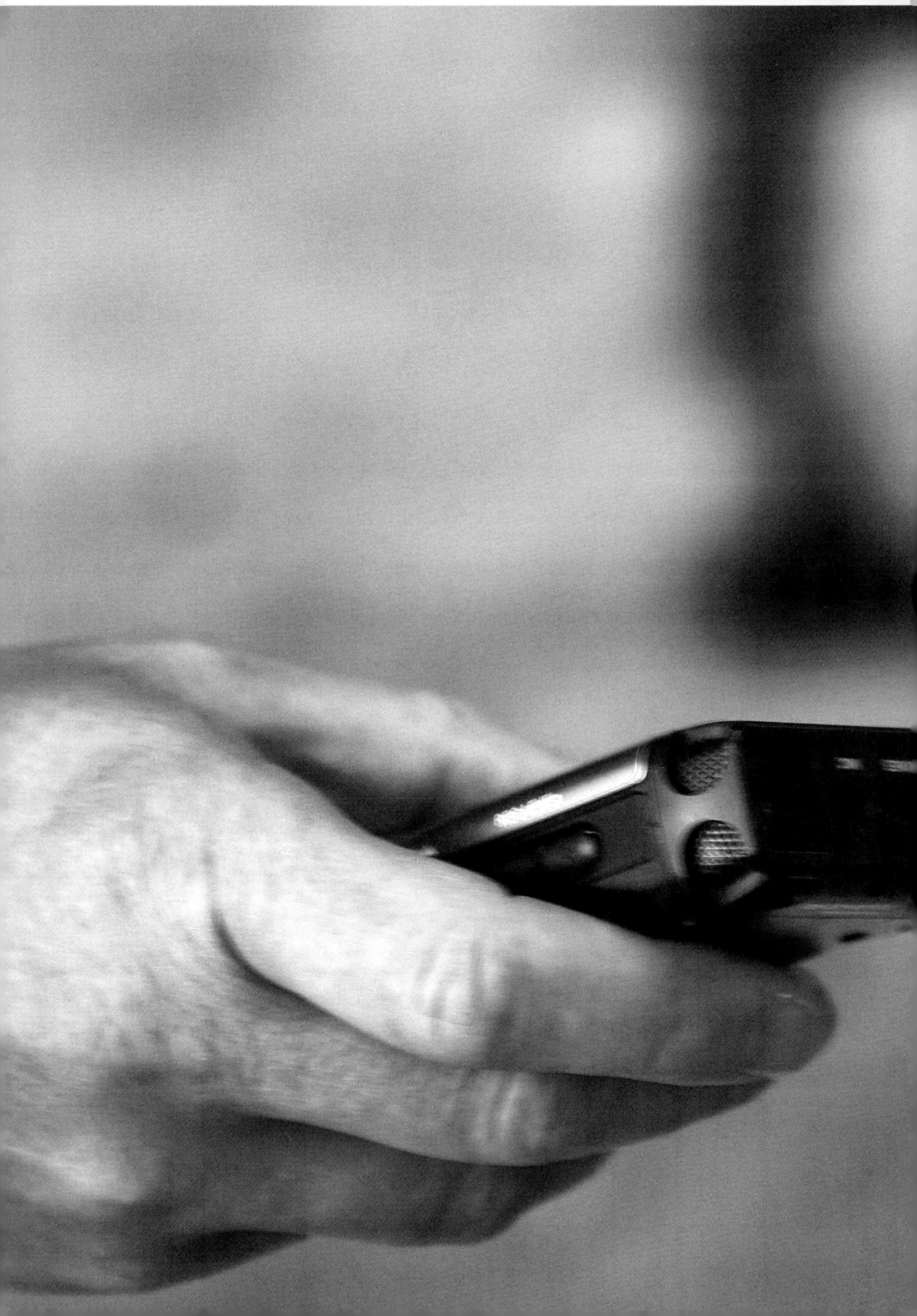

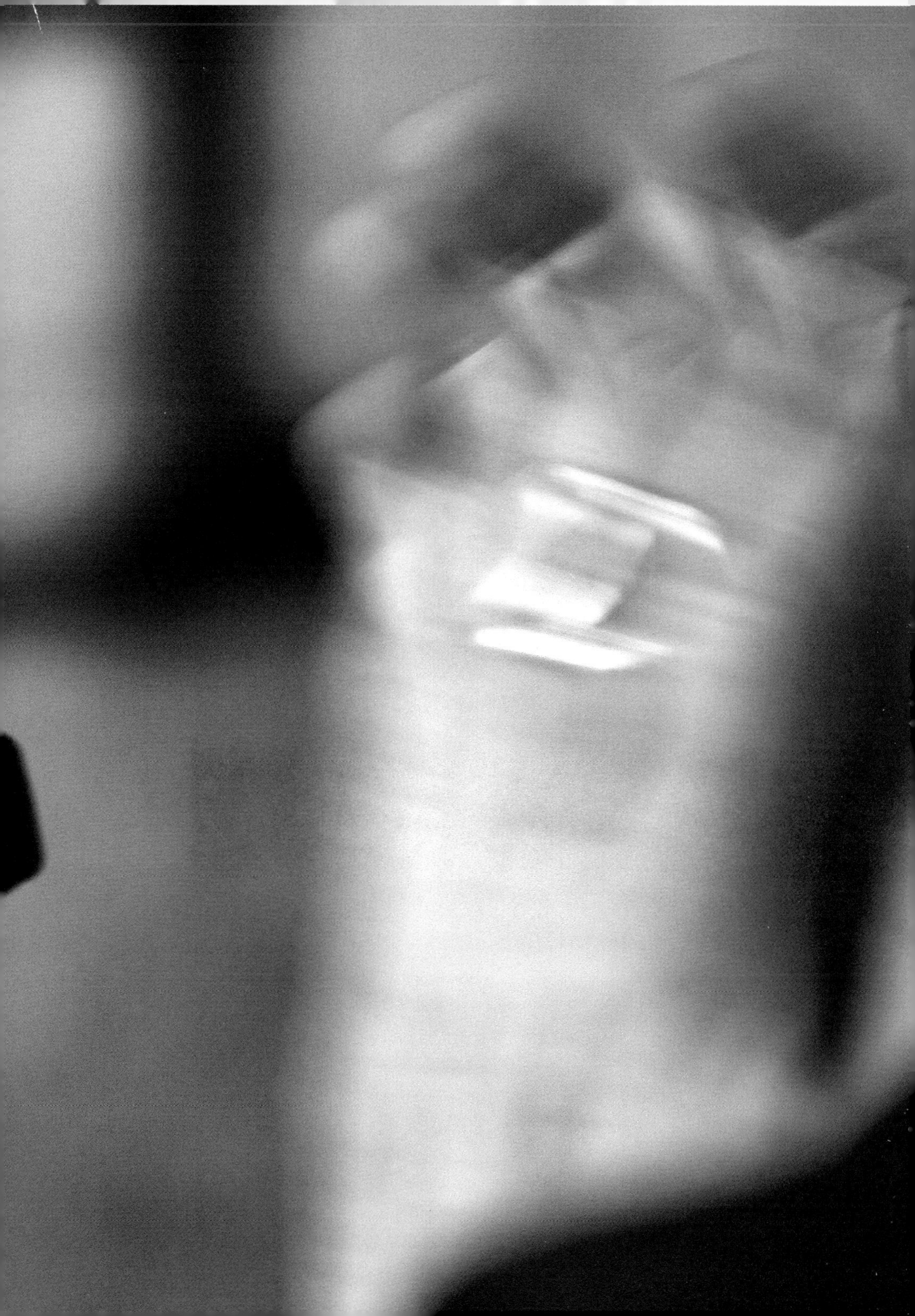